DOLL SEWING BOOK

HANON 하농
어레인지먼트

— arrangement —

라의눈

contents

기본 A 라인 원피스	26	Basic A-line Dress
기본 블라우스	30	Basic Blouse
기본 다트 원피스	34	Basic Darts Dress
탈부착 칼라	38	Detachable Collar
티어드 스커트	42	Tiered Skirt
에이프런 스커트	46	Apron Dress
니커보커스 팬츠	50	Knickerbockers
재킷	56	Jacket
코트	62	Coat
모자	68	Hat
가방	74	Bag

arrangement

몸판 어레인지	79	Front Arrangement
칼라 어레인지	84	Collar Arrangement
소매 어레인지	89	Sleeve Arrangement
밑단 어레인지	96	Hem Arrangement

이 책은 인형 사이즈의 옷을 만드는
DOLL SEWING BOOK HONON하농 제2탄입니다.
1탄보다도 더 심플해서 초보자도 쉽게 재봉할 수 있는 패턴을 기본으로
몸판, 칼라, 소매, 밑단 등의 어레인지를 원하는 조합으로 즐길 수 있습니다.

S 사이즈는 루루코, 제리 베리, 포핑 등
M 사이즈는 네오 브라이스, b.m.b 체리 등
L 사이즈는 유노아 크루스 라이트와 모모코 등
육일돌 사이즈로 3 종의 패턴을 게재했습니다.

만드는 법은 재봉틀을 기본으로 했지만, 손바느질도 좋습니다.
재봉 방법은 여러 가지이므로, 자신에게 맞는 방법을 선택하세요.
책의 설명은 참고로만 활용해주세요.

코디네이션의 즐거움도 알아주셨으면 해서
스커트와 에이프런의 길이를 몇 가지로 준비했습니다.
레이어드하기 쉬운 사이즈의 코트와 재킷도 있습니다.
1탄에 게재된 의상, 양말, 구두, 봉제 인형과의 코디도 즐겨주세요.

이 책을 읽는 모든 분들이 인형의 옷장에 하농 스타일을 더해서,
자신의 인형을 더욱 사랑하게 되셨으면 좋겠습니다.

This book is the second edition of DOLL SEWING BOOK HANON,
which is for making doll-sized clothes. Based on a simpler and easier pattern
than the first one, you can enjoy your bodice, collar, sleeve, skirt, etc.
by combining your favorite arrangements.

S size is for ruruko, JERRY BERRY, Popping
M size is for Neo Blythe, b.m.b.Cherry
L size is for U-noa Quluts Light, momoko.

The book describes using sewing machine,
but I think you can also sew by hand-sewing reverse stitching.
There are various sewing methods, but please, try to make clothes
by a sewing method that suits yourself. I hope this book helps you.

In order to let you know the enjoying of coordination,
I have prepared several length of skirts and aprons pattern.
Please enjoy coordination with clothes, socks, shoes, and stuffed toys
that are published in the first edition.

Please add the HANON style to your doll's wardrobe,
I would be glad if I could help you more shower your dolls with love.

HANON
Satomi Fujii

M 사이즈 기본 다트 원피스(어레인지), 에이프런 스커트(어레인지) & 모자

M 사이즈 기본 다트 원피스(어레인지) & 가방

be my baby! Cherry ©miyuking Inc. JAPAN SHOES: SEKIGUCHI(P.7)

M 사이즈 기본 다트 원피스 & 탈부착 칼라

M 사이즈 기본 A라인 원피스(어레인지)

be my baby! Cherry ©miyuking Inc. JAPAN　SHOES: b.m.b.Cherry (P.8,9)

M 사이즈 재킷, 기본 블라우스(어레인지), 니커보커스 팬츠, 모자 & 가방

M 사이즈 기본 A라인 원피스(어레인지)

M 사이즈 기본 블라우스(어레인지), 탈부착 칼라, 니커보커스 팬츠 & 모자 / M 사이즈 코트 & 모자

M 사이즈 A라인 원피스(어레인지), 에이프런 스커트 & 가방

be my baby! Cherry ©miyuking Inc. JAPAN SHOES: b.m.b.Cherry (P.12,13)

M 사이즈 기본 블라우스(어레인지) & 니커보커스 팬츠 / M 사이즈 기본 블라우스(어레인지), 티어드 스커트 & 에이프런 스커트(어레인지)

M 사이즈 기본 A라인 원피스(어레인지) & 모자

S 사이즈 기본 A라인 원피스(어레인지)

©Popping KuKuClara All Rights Reserved.

(위) S 사이즈 기본 다트 원피스(어레인지) / (아래) S 사이즈 코트 & 기본 다트 원피스(어레인지)

S 사이즈 재킷 & 티어드 스커트

S 사이즈 기본 블라우스(어레인지) & 티어드 스커트

S 사이즈 기본 A라인 원피스(어레인지) & 에이프런 스커트 / L 사이즈 기본 다트 원피스(어레인지) & 에이프런 스커트

S 사이즈 기본 블라우스(어레인지), 니커보커스 팬츠, 모자 & 가방

S 사이즈 기본 다트 원피스(어레인지)

S 사이즈 기본 다트 원피스(어레인지) & 모자
L 사이즈 기본 블라우스(어레인지), 티어드 스커트, 모자

L 사이즈 기본 A라인 원피스(어레인지) & 탈부착 칼라(어레인지) / L 사이즈 기본 A라인 원피스(어레인지)

L 사이즈 기본 다트 원피스(어레인지) & 에이프런 스커트

L 사이즈 재킷, 니커보커스 팬츠 & 모자 / L 사이즈 코트, 기본 블라우스 (어레인지), 니커보커스 팬츠 & 모자

Tools

인형옷을 만들기 전에 먼저 갖출 도구들입니다.
사람용 의상을 만들 때는 필요하지 않지만, 작은 인형옷을 만들 때는
도움이 되므로 꼭 준비해주세요.

실크리본 *Embroidery Silk Ribbon*
자수용 3.5mm 폭 리본은 부드러워서 다루기 쉽고 색도 다양합니다.

자수실 *Cotton Embroidery Floss*
DMC의 25번 실을 사용합니다.

실뜯개(리퍼) *Seam Ripper*
바느질 땀이 비뚤어졌을 때, 이것으로 실을 깨끗하게 잘라내고 다시 재봉합니다.

겸자(집게 가위) *Forceps*
작은 옷감을 밖으로 뒤집을 때 매우 편리한 수예용 작은 겸자입니다.

쪽가위 *Thread Scissors*
손바느질 실, 재봉틀 실의 끝을 자릅니다.

골무 *Thimble*
자수를 새기거나 공그르기를 할 때 사용합니다.

재봉용 송곳 *Tailor's awl*
옷감을 뒤집을 때 각을 잡거나, 재봉틀로 박을 때 옷감을 눌러주기 위해 사용합니다.

재봉 가위 *Dressmaking Scissors*
날이 날카롭고 세밀한 작업이 가능한 작은 가위를 준비합니다. 저는 미스즈(미령) 브랜드의 퀼팅 가위(패치워크 가위)를 사용합니다.

재봉실 *Sewing Thread*
재봉틀 바느질, 손바느질 모두 TicTic PREMIER를 사용합니다.

원단용 접착제 *Fabric Glue*
임시 고정할 때는 가와구찌의 원단용 접착제를, 완전히 고정할 때는 피혁용 접착제를 준비합니다.

올풀림 방지액 *Fray Stopper*
가와구찌의 피케(PIQUE) 올풀림 방지액을 사용합니다. 재단한 뒤에 옷감의 가장자리에 발라주면 됩니다.

초크 펜 *Tailor's Chalk*
얇은 옷감에는 잘 번지지 않는 카리스마 샤프 초크 펜을, 두꺼운 옷감에는 코스모의 초크 펜(극세 타입)을, 진한 색상의 옷감엔 크로바의 초크 펜 흰색을 구분해서 사용합니다.

레이스 *Laces*
이 책에서는 빈티지 레이스를 사용했습니다. 새 레이스의 색이 너무 튀는 느낌이라면 홍차 염색 등 천연 염색으로 원하는 색으로 만들어 사용해도 좋습니다.

스냅 단추 *Snaps*
5mm 동그란 스냅 단추를 사용합니다.

바늘, 시침핀, 실크 핀, 그레이딩 자
Handsewing Needles, Dressmaker Pins, Silk Pin, Ruler

── 기본 A라인 원피스 ──

Basic A-line Dress

기본 A라인 원피스

패턴 3장으로 만드는, 양재 초보자들을 위해 준비한 심플한 원피스예요.
칼라, 소매, 밑단, 몸판 등을 자신의 레벨에 맞게 어레인지 해보세요.

면 론 [몸판]	S 20×32cm M 20×38cm L 25×40cm	면 론 [소매]	S 12×22cm M 12×24cm L 15×28cm	안감 [나일론 원단]	S, M, L 7×7cm
면 론 [칼라]	S 4×20cm M 4×20cm L 4×23cm	면 론 [밑단 프릴 원단]	S 4×60cm M 4×60cm L 4×68cm	스냅 단추	S, M, L 2쌍

― 기본 A라인 원피스 ―

1

패턴에 맞춰 각 부분을 재단하고, 가장자리에 올풀림 방지액을 발라둡니다.
→ [몸판] 어레인지는 P.79~83으로

2

앞뒤 몸판을 겉끼리 마주대어, 어깨를 재봉합니다.

3

다림질로 시접을 나눕니다.
→ [칼라]를 다는 경우는 P.84~88로

4

7x7cm 정도로 대충 자른 안감을 준비해, 몸판과 겉끼리 마주대어 목둘레를 재봉합니다.

5

사진처럼 안감을 재단하고, 목둘레 시접에 촘촘하게 가위집을 넣습니다. 재봉 부분이 잘리지 않도록 주의하세요.

6

안감을 안쪽으로 뒤집어 넣고, 다림질로 정돈해 줍니다.

7

뒤트임 시접을 「트임 끝」 표시의 조금 아래까지 비스듬하게 접어줍니다.

8

'트임 끝' 조금 아래~목둘레~「트임 끝」 조금 아래' 에 스티치를 넣어줍니다.
→ [소매]를 다는 경우는 P.89~95로

9

소매둘레의 시접에 촘촘하게 가위집을 넣어줍니다.

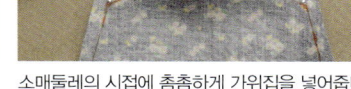

Let's enjoy that collars, sleeves and hem arrangements according to your level.

1. Arrange the paper templates on the fabric and cut all the sections, then apply fray stopper liquid to all the edges. [refer to p.79-83 for the front arrangements] 2. Match the right sides of the front and back by the shoulders and sew. 3. Iron open the seam allowances. [refer to p.84-88 for the collar arrangements] 4. Cut the dough about 7cm square for lining. Match the bodice and the lining and sew the neckline. 5. Cut the lining as shown and cut slit in the seam allowance of the neckline. Be careful not to cut the stitches. 6. Turn the lining right side out and iron. 7. Fold the back opening inwards slightly below the opening stop marker and iron flat. 8. Sew the edges from the stop marker along the neckline, then to the stop marker. [refer to p.89-95 for the sleeve arrangements] 9. Cut fine slits into the seam allowance of the armholes.

― 기본 A라인 원피스 ―

10
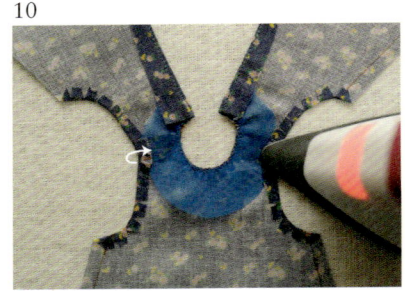
다림질로 소매둘레 시접을 접고, 원단용 접착제로 임시 고정합니다.

11

소매둘레를 재봉합니다.

12

앞뒤 몸판을 겉끼리 마주대어, 양쪽 옆선을 재봉합니다.

13

다림질로 시접을 나눠줍니다.

14
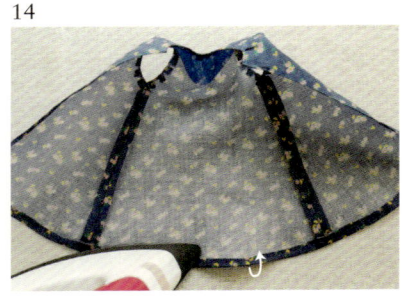
밑단 시접을 안으로 접어, 다림질로 눌러줍니다.
→ [밑단] 어레인지는 P.96~99로

15

밑단을 재봉합니다.

16

뒤트임을 겉끼리 마주대어 「트임 끝」부터 밑단까지 재봉합니다.

17
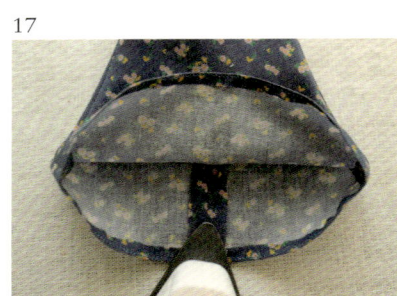
겉으로 뒤집어 다림질로 시접을 나눠줍니다.

18

스냅 단추를 달면 완성.

10. Fold the seam allowances and apply fabric glue to the seam allowance. 11. Sew the armholes.
12. Match the right sides of the front and back bodice sections facing, and sew them together.
13. Iron open the seam allowance. 14. Fold the seam allowance of the skirt hem inwards with an iron. [refer to p.96-99 for the hem arrangements]
15. Sew the hem. 16. With right sides facing, sew from the stop marker to the hem. 17. Iron open the seam allowance. 18. Add snaps to the back opening.

기본 A라인 원피스

Basic Blouse
기본 블라우스

만드는 방법은 A 라인 원피스와 같습니다. 밑단에 주름이 있고 없고에 따라 분위기가 달라집니다.
주름 없이 프릴을 달아주면 페플럼 블라우스로 변신! 각자의 어레인지를 즐겨주세요.

면 론 [몸판]	S 10×24cm M 10×26cm L 11×28cm	면 론 [소매]	S 12×22cm M 12×24cm L 15×28cm	안감 [나일론 원단]	S, M, L 15×15cm
면 론 [칼라]	S 4×20cm M 4×20cm L 4×23cm	면 론 [밑단 프릴 원단]	S 4×36cm M 4×38cm L 4×40cm	스냅 단추	S, M, L 2쌍

― 기본 블라우스 ―

1

패턴에 맞춰 각 부분을 재단하고, 가장자리에 올풀림 방지액을 발라둡니다.
→ [몸판] 어레인지는 P.79~83으로

2
패턴에 맞춰 각 부분을 재단하고, 가장자리에 올풀림
앞뒤 몸판을 겉끼리 마주대어, 어깨를 재봉합니다.

3
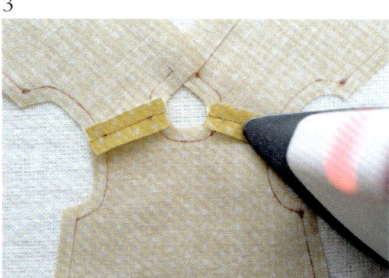
다림질로 시접을 나눠줍니다.
→ [칼라]를 다는 경우는 P.84~88로

4

15x15cm로 대충 자른 안감을 준비해서, 몸판과 겉끼리 마주대어 시침핀으로 고정합니다.

5

'뒤 몸판 끝~목둘레~뒤 몸판 끝'을 재봉합니다.

6

사진처럼 안감을 재단합니다. 목둘레 시접에 촘촘하게 가위집을 넣고 모서리는 잘라냅니다. 재봉 부분이 잘리지 않도록 주의하세요.

7
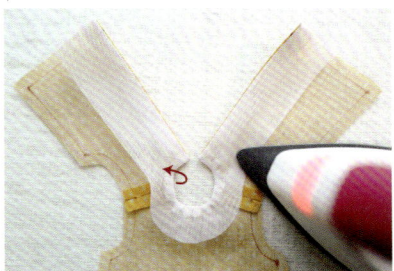
안감을 안쪽으로 뒤집어 넣고, 다림질로 정돈합니다.
→ [소매]를 다는 경우는 P.89~95로

8

소매둘레 시접에 촘촘하게 가위집을 넣고 다림질로 접어, 원단용 접착제로 임시 고정합니다.

9

'뒤 몸판 끝~목둘레~뒤 몸판 끝'과 소매둘레에 스티치를 넣어줍니다.

It is very easy to make it as Basic A-line dress.
Please enjoy various arrangements.

1. Arrange the paper templates on the fabric and cut all the sections, then apply fray stopper liquid to all the edges. [refer to p.79-83 for the front arrangements] 2. Match the right sides of the front and back by the shoulders and sew. 3. Iron open the seam allowances. [refer to p.84-88 for the collar arrangements] 4. Cut the dough about 15cm square for lining. Match the bodice and the lining. 5. Sew as pictured. 6. Cut the lining as shown and cut slit in the seam allowance of the neckline. Be careful not to cut the stitches. 7. Turn the lining right side out and iron. [refer to p.89-95 for the sleeve arrangements] 8. Cut fine slits into the seam allowance of the armholes. Fold the seam allowances and apply fabric glue. 9. Sew the edges as pictured.

― 기본 블라우스 ―

10

앞뒤 몸판을 겉끼리 마주대어, 양쪽 옆선을 재봉합니다.

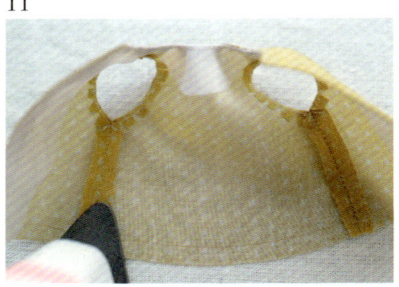

11

다림질로 옆선 시접을 나눕니다.
→ [밑단] 어레인지는 P.96~99로

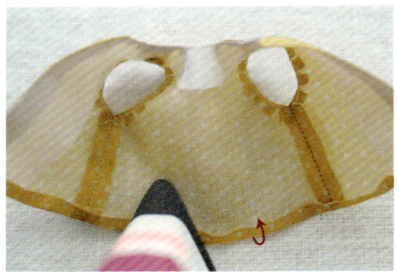

12

밑단 시접을 안으로 접어, 다림질로 눌러줍니다.

13

밑단에 바늘땀이 약 2.5mm 되도록 주름용 재봉을 1줄 해줍니다.
→ 주름 잡는 방법은 p.100 참조

14

주름용 실을 잡아당겨서 밑단이 [S_11.5cm/M_12cm/L_13.5cm]가 되도록 주름을 잡습니다.

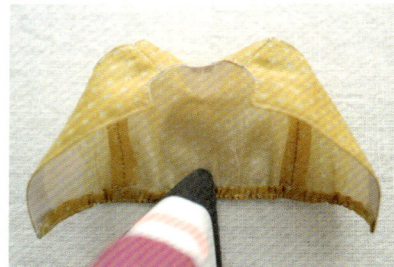

15

주름이 균일하게 잡히도록 정돈해서 다림질로 눌러줍니다.

16

밑단에 스티치를 넣어줍니다.

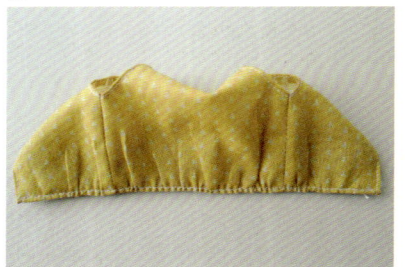

17

주름용 실을 뽑습니다.

18

뒤트임에 스냅 단추를 달면 완성.

10. Match the right sides of the front and back bodice sections facing, and sew them together.   11. Iron open the seam allowance. [refer to p.96-99 for the hem arrangements]   12. Fold the seam allowance of the hem inwards with an iron. If you don't want to gather the hem, sew the edges.   13. If you want to gather the hem, Use a machine to sew gathering stitches in the seam allowance of the hem. [refer to p.100 for gathering] Make the stitch length 2.5mm and sew one lines on the seam allowance.   14. Gather the hem to [S:11.5cm M:12cm L:13.5cm] with the finished line.   15. Shape the gathering and iron flat.   16. Sew the hem.   17. Remove the gather thread.   18. Add snaps to complete the blouse.

기본 블라우스

―― 기본 다트 원피스 ――

Basic Darts Dress

기본 다트 원피스

다양하게 어레인지 할 수 있는, 허리에서 나뉘지는 원피스입니다.
스커트는 직사각형 패턴이므로 밑단 어레인지를 쉽게 즐길 수 있습니다.

면 론 [원피스]	S 15×50cm M 15×52cm L 17×60cm	면 론 [소매]	S 12×22cm M 12×24cm L 15×28cm
면 론 [칼라]	S 4×20cm M 4×20cm L 4×23cm	안감 [나일론 원단]	S,M,L 15×15cm
		스냅 단추	S,M,L 2쌍

―― 기본 다트 원피스 ――

1

패턴대로 각 부분을 재단하고, 가장자리에 올풀림 방지액을 발라둡니다.
→ [몸판] 어레인지는 P.79~83으로

2

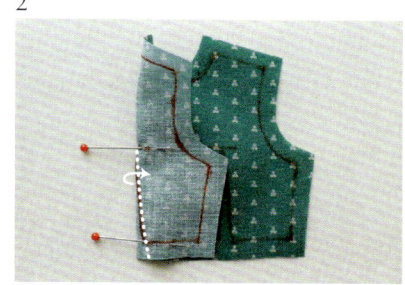

앞 몸판의 다트를 겉끼리 마주보게 접어서 재봉합니다.

3

다림질로 시접을 중심 쪽으로 접어줍니다.

4

앞뒤 몸판을 겉끼리 마주대어, 어깨를 재봉합니다.

5

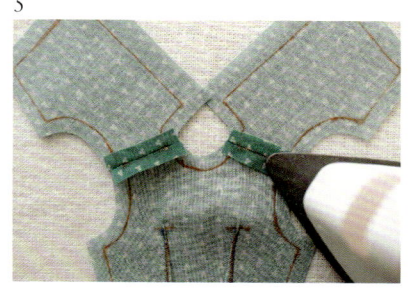

다림질로 시접을 나눕니다.
→ [칼라]를 다는 경우는 P.84~88로

6

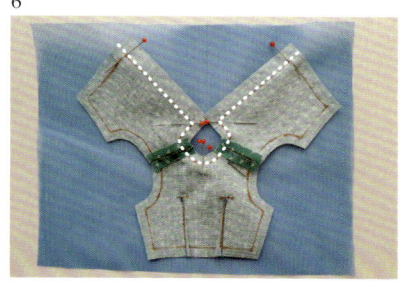

15x15cm 정도로 대충 자른 안감을 준비해서, 몸판과 겉끼리 마주보게 겹칩니다. '뒤트임 끝~목둘레~뒤트임 끝'을 재봉합니다.

7

사진처럼 안감을 재단하고, 목둘레 시접에 촘촘하게 가위집을 넣어줍니다. 재봉 부분이 잘리지 않도록 주의하세요.

8

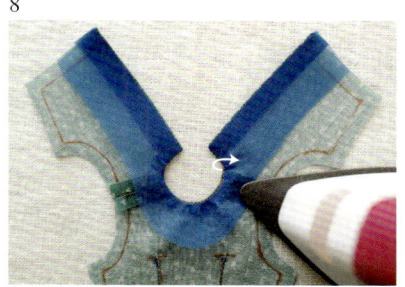

안감을 안쪽으로 뒤집어 넣고 다림질로 정돈합니다.

9

'뒤트임 끝~목둘레~뒤트임 끝'에 스티치를 넣어줍니다.
→ [소매]를 다는 경우는 P.89~95로

*The skirt has a rectangular pattern,
so you can easily enjoy the arrangement.*

1. Arrange the paper templates on the fabric and cut all the sections, then apply fray stopper liquid to all the edges. [refer to p.79-83 for the front arrangements] 2. Fold and sew the darts. 3. Fold the seam allowances of each darts inward and iron. 4. Match the right sides of the front and back by the shoulders and sew. 5. Iron open the seam allowances. [refer to p.84-88 for the collar arrangements] 6. Cut the dough about 15cm square for lining. Match the bodice and the lining and sew as pictured. 7. Cut the lining as shown and cut slit in the seam allowance of the neckline. Be careful not to cut the stitches. 8. Turn the lining right side out and iron. 9. Sew the edges as pictured. [refer to p.89-95 for the sleeve arrangements]

― 기본 다트 원피스 ―

10
소매둘레 시접에 가위집을 촘촘하게 넣어줍니다.

11
다림질로 시접을 접어주고, 원단용 접착제로 임시 고정합니다.

12
소매둘레를 재봉합니다.

13
앞뒤 몸판을 겉끼리 마주대어, 양쪽 옆선을 재봉합니다.

14
옆선 시접을 다림질로 나눕니다.

15
스커트 밑단의 시접을 다림질로 접어줍니다.
→ [밑단] 어레인지는 P.96~99로

16
스커트 밑단에 스티치를 넣습니다.

17
스커트 상단의 시접 부분에 바늘땀이 약 2.5mm 되도록 주름용 재봉을 2줄 해줍니다.
→ 주름 잡는 방법은 P.100 참조

18
몸판의 허리폭에 맞춰 주름을 잡고 정돈한 다음, 다림질로 눌러줍니다.

10. Cut fine slits into the seam allowance of the armholes. *11.* Fold the seam allowances and apply fabric glue to the seam allowance. *12.* Sew the armholes. *13.* Match the right sides of the front and back bodice sections facing, and sew as pictured. *14.* Iron open the seam allowance. *15.* [refer to p.96-99 for the hem arrangements] Fold the seam allowance of the skirt hem inwards with an iron. *16.* Sew the hem. *17.* Use a machine to sew gathering stitches in the upper seam allowance of skirt. Make the stitch length 2.5mm and sew two lines on the seam allowance. [refer to p.100 for gathering] *18.* Gather the fabric to match the width of the bodice waist and iron flat.

기본 다트 원피스

19
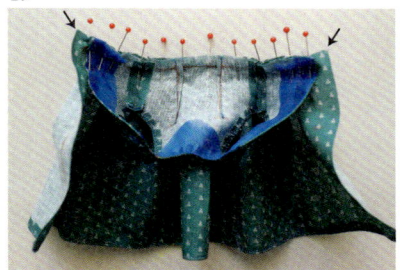
몸판과 스커트를 겉끼리 마주댑니다. 이때 스커트의 양단 시접이 몸판 밖으로 나오게 됩니다.

20

허리선을 재봉해서 몸판과 스커트를 합칩니다.

21

시접은 몸판 쪽으로 접고 다리미로 눌러줍니다.

22

스커트의 뒤트임 부분을 「트임 끝」 표시 조금 아래까지 사선으로 접어줍니다.

23

허리 부분(몸판 쪽)에 스티치를 넣어줍니다.

24

스티치를 넣은 모습입니다.

25

스커트의 뒤중심을 겉끼리 마주대어 「트임 끝」부터 밑단까지 재봉합니다.

26
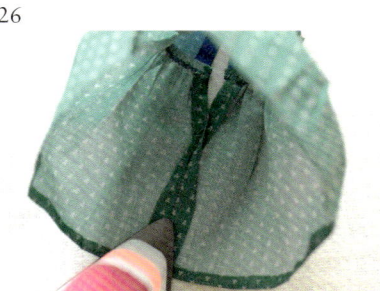
시접을 다림질로 나눠줍니다.

27

뒤트임에 스냅단추를 달면 완성.

19. With right sides facing. *20.* Sew the waist.
21. Fold the seam allowance to the bodice and iron. *22.* Fold the back opening inwards slightly below the stop marker and iron.
23. Sew the waist. *24.* Now your stitches are finished. *25.* With two sides together and sew.
26. Iron open the seam allowance and turn right side out. *27.* Fasten the snaps at the back opening.

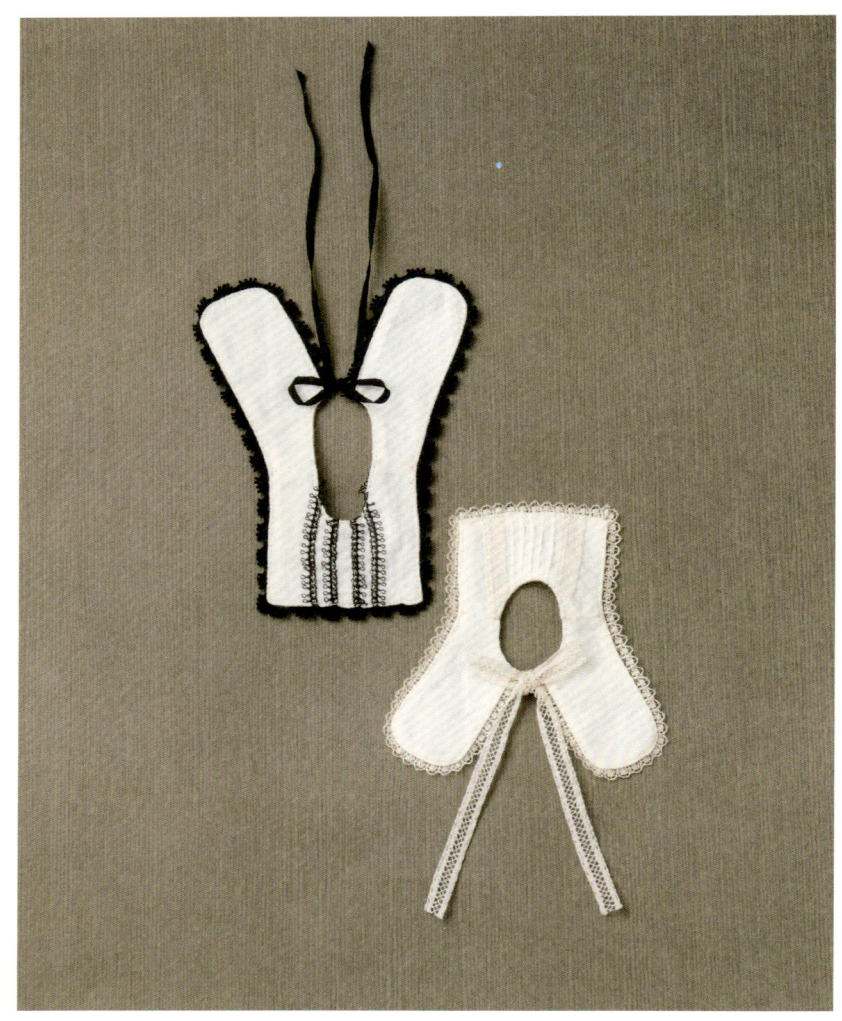

Detachable Collar
탈부착 칼라

원피스와 블라우스에 매치하기만 하면 분위기가 확 바뀌는 탈부착 칼라.
원단도 조금 들고 로스도 적으니, 핀턱에 도전해볼 것을 권합니다.

면 론	S 14×20cm	리본용 레이스	S,M,L 15cm×2本
	M 14×20cm	[5mm 폭]	
	L 16×20cm	몸판용 레이스	S 10cm
테두리용 레이스	S 30cm	[5mm 폭]	M 10cm
[6mm 폭]	M 30cm		L 12cm
	L 35cm		

탈부착 칼라

1

패턴에 맞춰 각 부분을 재단하고, 가장자리에 올풀림 방지액을 발라둡니다.
→ 핀턱 잡는 방법은 P.82~83으로

2
레이스를 원단용 접착제로 임시 고정합니다.

3

레이스를 재봉해 달아줍니다.

4

핀턱의 아래쪽 시접에도 스티치를 넣어줍니다.

5

앞뒤 몸판을 겉끼리 마주대어, 어깨를 재봉합니다.

6

어깨 시접을 다림질로 나눕니다.

7
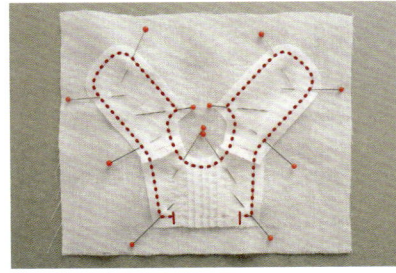
12x12cm 정도로 대충 자른 안감을 준비해서, 겉감과 겉끼리 마주대고 창구멍을 남기고 재봉합니다.

8

겉감에 맞춰 안감을 재단합니다.

9

목둘레와 곡선 부분에 가위집을 촘촘하게 넣고, 모서리는 잘라냅니다.

Just by matching it to a dress or blouse.
It is recommended for the challenge of pin tucks.

1. Arrange the paper templates on the fabric and cut all the sections, then apply fray stopper liquid to all the edges. [refer to p.82-83 for the pin tuck arrangement] 2. Place laces with fabric glue. 3. Sew the laces. 4. Sew the seam allowance of the pin tuck. 5. Match the right sides of the front and back facing, and sew the shoulders. 6. Iron open the seam allowance. 7. Cut the dough about 12cm square for lining. Match the bodice and the lining. Leaving the turn opening and sew as pictured. 8. Cut the lining as pictured. 9. Cut the corners of the seam allowance, cutting fine slits where the fabric curves.

―― 탈부착 칼라 ――

10

다림질로 시접을 안쪽으로 접어줍니다.

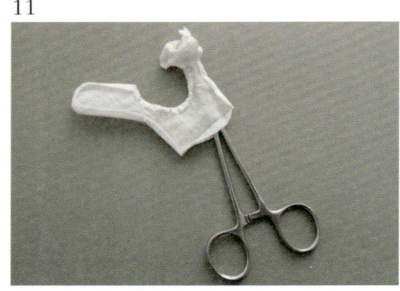

11

겸자를 이용해 창구멍을 통해 밖으로 뒤집어줍니다.

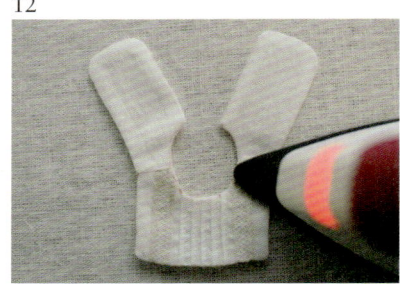

12

모서리와 곡선 부분을 다림질로 정돈합니다.

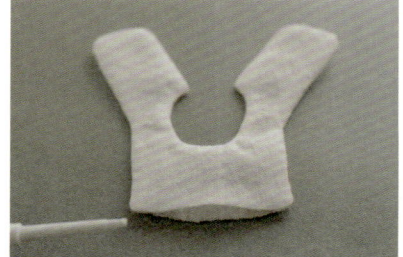

13

창구멍의 시접을 안으로 접어, 원단용 접착제로 임시 고정합니다.

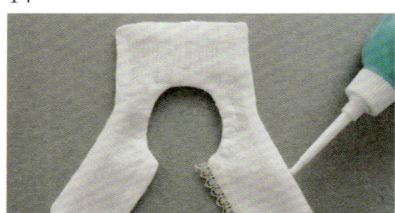

14

원단용 접착제로 레이스를 안쪽에 임시 고정합니다.

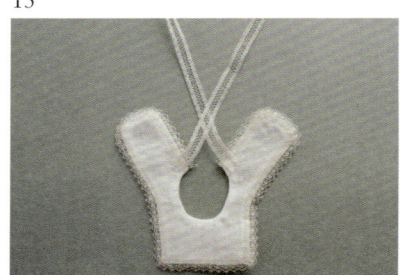

15

리본용 레이스[15cm x 2개]도 원단용 접착제로 임시 고정합니다.

16

칼라의 가장자리를 빙 둘러 스티치를 넣습니다.

17

창구멍이 닫혔습니다.

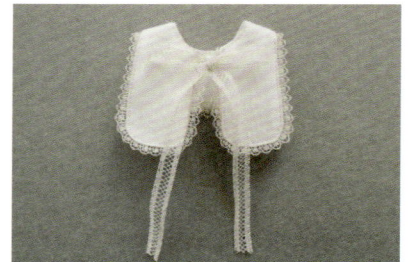

18

다림질로 정돈하면 완성.

10. Fold the seam allowance with an iron. *11.* Turn the right side out using tailor's awl. *12.* Iron into shape.
13. Fold the seam allowance of the turn opening with fabric glue. *14.* Place lace on the back side hem with fabric glue.
15. Place the 15cm ribbon on each front opening with fabric glue. *16.* Sew the edges. *17.* The turn opening is closed. *18.* Iron into shape.

— 탈부착 칼라 —

Tiered Skirt
티어드 스커트

직사각형 패턴을 2단으로 연결한 티어드 스커트입니다.
주름을 잡은 후 다림질이나 임시 고정하는 수고를 하면, 보다 깔끔하게 완성됩니다.

면 론		소프트 고무줄 S,M,L 15cm
S	15×40cm	[3mm 폭]
M	17×60cm	
L	20×60cm	

― 티어드 스커트 ―

1

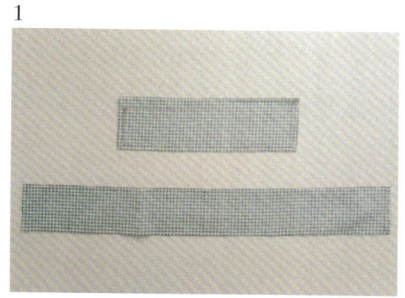

패턴에 맞춰 각 부분을 재단하고, 가장자리에 올풀림 방지액을 발라둡니다.

2

아래 스커트(프릴)의 밑단 시접을 다림질로 접어줍니다.

3

아래 스커트의 밑단에 스티치를 넣습니다.

4

아래 스커트의 윗단 시접을 다림질로 접어줍니다.

5

아래 스커트의 윗단 시접 부분에 바늘땀이 약 2.5mm 되도록 주름용 재봉을 1줄 해줍니다.
→ 주름 잡는 방법은 P.100 참조

6

위 스커트의 밑단 폭에 맞춰 주름을 잡아줍니다.

7

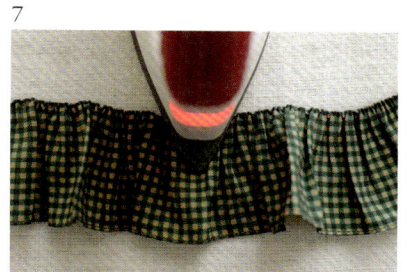

주름을 정돈해 다림질로 눌러줍니다.

8

위 스커트의 밑단 겉면에 원단용 접착제를 얇게 발라줍니다.

9

위 스커트에 아래 스커트(프릴)를 올려서 임시 고정합니다.

*This is a tiered skirt with two rectangular patterns.
After finishing the gathering, the irons and temporary fixings will make the work beautiful.*

1. Arrange the paper templates on the fabric and cut all the sections, then apply fray stopper liquid to all the edges.
2. Fold the seam allowance of the frill hem with an iron. 3. Sew the edge. 4. Fold the seam allowance of the frill upper with an iron.
5. Make the stitch length 2.5mm and sew one lines on the seam allowance. [refer to p.100 for gathering]
6. Gather to match the width of fit the skirt hem. 7. Iron flat. 8. Put fabric glue on the hem. 9. Place the frill on the hem.

— 티어드 스커트 —

10

아래 스커트(프릴)를 재봉해 달아줍니다.

11

재봉한 모습입니다.

12
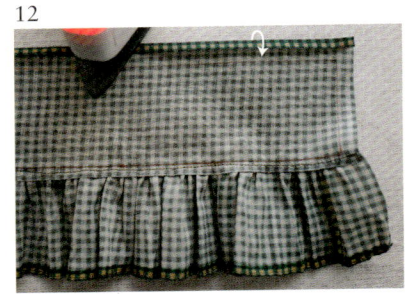
위 스커트의 시접 부분을 다림질로 2번 접어줍니다.
(3등분 접기)

13

2번 접은 후, 스티치를 넣어줍니다.

14
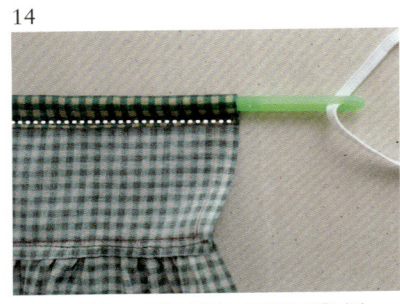
고무줄 끼우는 도구를 이용해 고무줄을 끼웁니다.

15

고무줄의 한쪽을 시침핀으로 고정하고, 뒤중심의 완성선부터 완성선까지 길이가 [S_7cm/M_8cm/L_8cm]가 되도록 허리의 주름을 잡습니다.

16

겉끼리 마주대어 뒤중심을 재봉합니다.

17

시접을 다림질로 나눕니다.

18

겉으로 뒤집으면 완성.

10. Sew the frill. *11.* The frill is attached. *12.* Fold the waist seam allowance 2 times with an iron. *13.* Sew the folded. *14.* String elastic through the waist. *15.* Gather the waist to [S:7cm M:8cm L:8cm] to the finishing line. *16.* Sew the back opening together. *17.* Iron open the seam allowance. *18.* Turn right side out.

티어드 스커트

에이프런 스커트

Apron Dress
에이프런 스커트

블라우스나 원피스에 코디할 수 있는, 앞가슴 부분이 달린 에이프런 스커트입니다.
얇은 면 론에 핀턱을 넣거나 드론워크를 해주면 멋진 레이어드 아이템 완성.

면 론 [몸판&스커트]	S 12×44cm M 14×45cm L 15×49cm	면 론 [안감]	S 10×8cm M 11×8cm L 14×8cm
면 론 [허리 벨트]	S 3×13cm M 4×15cm L 4×15cm	스냅 단추	S, M, L 1쌍

― 에이프런 스커트 ―

1
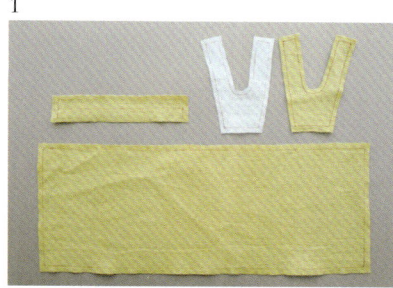
패턴에 맞춰 각 부분을 재단하고, 가장자리에 올풀림 방지액을 발라둡니다.
→ [몸판] 어레인지는 P.79~83로

2
패턴에 맞춰 각 부분을 재단하고, 가장자리에 올풀림 방지액을 발라둡니다.
몸판의 겉감과 안감을 겉끼리 맞댑니다.

3

위아래에 창구멍을 남기고, 사진처럼 재봉합니다.

4

시접의 곡선 부분에 가위집을 촘촘하게 넣습니다.

5
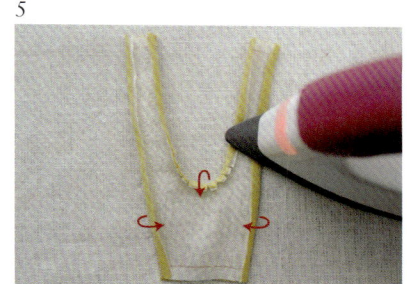
다림질로 시접을 안쪽으로 접습니다.

6
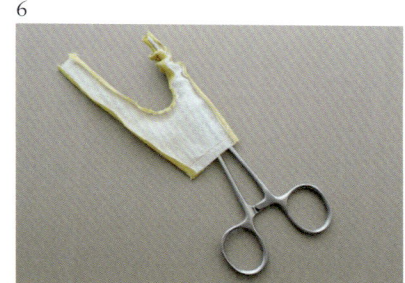
겸자 등을 이용해 겉으로 뒤집어줍니다.

7

다림질로 모양을 정돈합니다.

8

위아래를 남기고 스티치를 넣어줍니다.

9

스커트의 밑단과 양단 시접을 다림질로 접어줍니다.
→ 밑단 어레인지는 P.96~99로

The Apron dress can be layered on a blouse or dress.
If you put pin tucks or drawn work with a thin cotton loan, it will look great on a layering and it is wonderful.

1. Arrange the paper templates on the fabric and cut all the sections, then apply fray stopper liquid to all the edges. [refer to p.79-83 for the front arrangements] 2. Match the right sides of the bodice and lining. 3. Sew as pictured. 4. Snip the seam allowance. Be careful not to cut the stitches. 5. Fold and iron the seam allowance. 6. Turn right side out using a tailor's awl and iron. 7. Iron to shape. 8. Sew the edges. 9. [refer to p.96-99 for the hem arrangements] Fold the seam allowance of the hem and both sides with an iron.

— 에이프런 스커트 —

10
스커트의 밑단과 양단에 스티치를 넣어줍니다.

11
허리 시접에 바늘땀이 약 2.5mm 되도록 주름용 재봉을 2줄 해줍니다.
→ 주름 잡는 방법은 P.100 참조

12
윗실 2줄을 꽉 잡아당겨 주름을 잡아줍니다.

13
허리 벨트의 폭에 맞춰 주름을 잡고 정돈한 후, 다림질로 눌러줍니다.

14
스커트와 허리 벨트를 겉끼리 마주댑니다. 이때 허리 벨트의 양단 시접이 스커트 밖으로 나옵니다.

15
스커트와 허리 벨트를 재봉해 합칩니다.

16
시접을 허리 벨트 쪽으로 접어 다림질로 눌러줍니다.

17
허리 벨트의 양단 시접을 다림질로 접어줍니다.

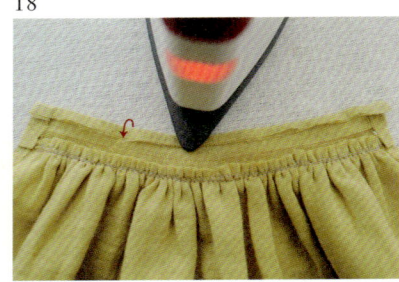

18
허리 벨트의 윗부분 시접도 다림질로 접어줍니다.

10. Sew the edges. *11.* Use a machine to sew gathering stitches in the upper seam allowance of skirt. [refer to p.100 for gathering] Make the stitch length 2.5mm and sew two lines on the seam allowance. *12.* Gather the fabric to match the width of the bodice waist. *13.* Iron flat. *14.* With right sides facing, sew the waist belt and the skirt waist together. *15.* Sew the waist. *16.* Fold the seam allowance toward the waist belt using an iron. *17.* Fold the seam allowance of the both sides. *18.* Fold the upper seam allowance of the waist belt.

―― 에이프런 스커트 ――

19
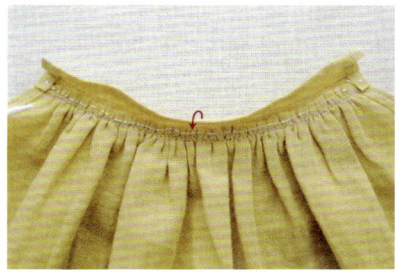
스커트의 주름 부분에 원단용 접착제를 바르고, 허리 벨트를 반으로 접어 임시 고정합니다.

20
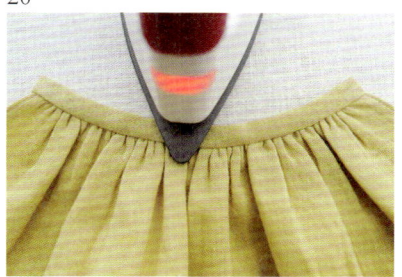
겉에서 깔끔하게 모양을 정돈해줍니다.

21
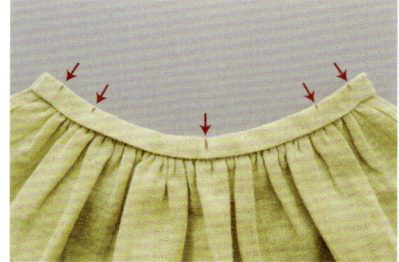
허리 벨트의 중앙, 뒤 몸판을 재봉해 붙일 부분에 표시를 해줍니다.

22

원단용 접착제로 몸판을 임시 고정합니다.

23

허리 벨트에 스티치를 넣어줍니다.

24

허리 벨트의 가장자리에 스티치를 넣은 모습입니다.

25

허리 벨트에 스냅 단추를 달아주면 완성.

19. Fold the waist belt in half with fabric glue.   20. Please check it right side.
21. Mark in the waist belt as pictured.   22. Create the bodice to the waist belt with fabric glue.
23. Sew the waist belt.   24. The edge stitches are finished now.   25. Add snaps to the back waist belt to complete.

Knickerbockers
니커보커스 팬츠

아랫부분을 묶어서 볼록한 실루엣이 특징인 6부 길이 팬츠입니다.
프릴이 없으면 깔끔하게, 프릴이 있으면 귀여운 스타일로 완성됩니다.

린넨/면 론   S 18×30cm   스냅 단추 S, M, L 1쌍
　　　　　　M 20×30cm
　　　　　　L 23×30cm

―― 니커보커스 팬츠 ――

1

패턴에 맞춰 각 부분을 재단하고, 가장자리에 올풀림 방지액을 발라둡니다.

2

앞 팬츠의 밑위를 겉끼리 마주대어 재봉합니다.

3

시접의 곡선 부분에 가위집을 촘촘히 넣어줍니다. 재봉 부분이 잘리지 않도록 주의하세요.

4

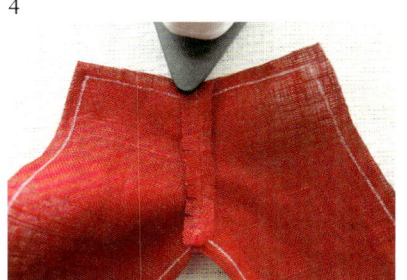

다림질로 시접을 나눕니다.

5

앞 팬츠와 뒤 팬츠의 양쪽 옆선을 겉끼리 마주대어 재봉합니다.

6

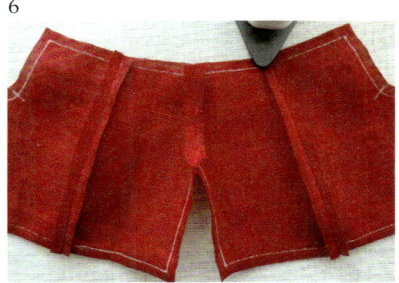

다림질로 옆선의 시접을 나눕니다.

7

팬츠와 벨트를 겉끼리 마주대어 재봉합니다.

8

다림질로 시접을 벨트 쪽으로 접어줍니다.

9

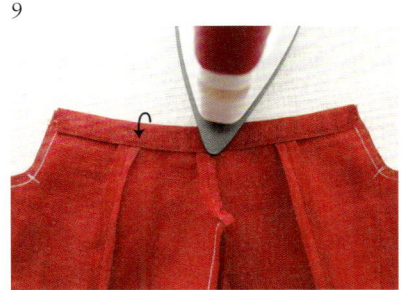

다림질로 벨트의 윗부분 시접을 접고, 벨트를 안쪽으로 접어줍니다.

Plummeted silhouette pants with a squeezed hem.
If there is no frills, it will be neat and pretty style.

1. Arrange the paper templates on the fabric and cut all the sections, then apply fray stopper liquid to all the edges.
2. With the right sides of the left and right front section facing, sew the front rise.   3. Cut slits in the seam allowances where the fabric curves.
4. Iron open the seam allowance.   5. With the right sides of the front and back facing, sew the sides.   6. Iron open the seam allowance.
7. With the right sides of the trousers and waist belt.   8. Fold the seam allowance to the waist belt with an iron.
9. Fold the seam allowance of the waist belt with an iron.

── 니커보커스 팬츠 ──

10
벨트의 가장자리에 스티치를 넣어줍니다.

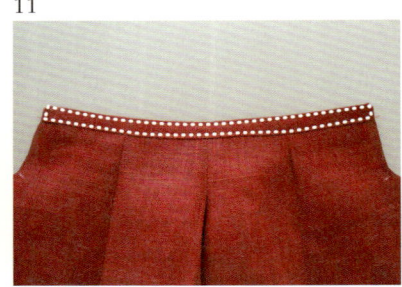

11
스티치를 넣은 모습입니다.

12
팬츠의 밑단 시접에, 바늘땀이 약 2.5mm 되도록 주름용 재봉을 1줄 해줍니다.
→ 주름 잡는 법은 P.100 참조

13
← 당기세요
밑단 커프스의 폭에 맞춰 주름을 잡아줍니다.

14
주름을 정돈해 다림질로 눌러줍니다.

15
팬츠와 커프스를 겉끼리 마주대어 재봉합니다.

16
다른 쪽 밑단과 커프스도 같은 방법으로 재봉합니다.

17
다림질로 시접을 커프스 쪽으로 접어줍니다.

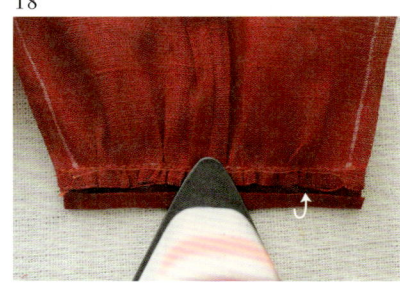

18
커프스의 아래쪽 시접을 다림질로 접어줍니다.

10. Sew the waist belt. *11.* The waist belt is finished to sew reinforced stitches.
12. Use a machine to sew one line of gathering stitch length 2.5mm on the seam allowance. [refer to p.100 for gathering]
13. Gather to match the width of fit the trousers cuffs. *14.* Iron flat. *15.* With right sides of the cuffs and trousers.
16. Sew the cuffs. *17.* Fold the seam allowance toward to cuffs with an iron. *18.* Fold the seam allowance of the under cuffs with an iron.

— 니커보커스 팬츠 —

19

프릴 부분의 아래쪽 시접도 다림질로 접어줍니다.

20
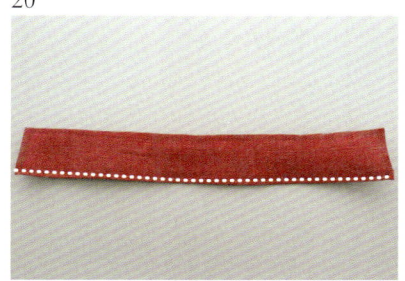
프릴 아래쪽에 스티치를 넣어줍니다.

21

프릴 위쪽 시접에 바늘땀이 약 2.5mm 되도록 주름용 재봉을 1줄 해줍니다.
→ 주름 잡는 법은 P.100 참조

22

커프스 폭에 맞춰 프릴에 주름을 잡아줍니다.

23

주름을 정돈해서 다림질로 눌러줍니다.

24

18번에서 접어놓았던 커프스의 아래쪽 시접에 원단용 접착제를 발라줍니다.

25

프릴을 임시 고정합니다.

26

겉에서 깔끔하게 임시 고정되었는지 확인해주세요.

27

커프스 부분에 스티치를 넣어줍니다.

19. Fold the seam allowance of the frill hem with an iron. *20.* Sew the hem.
21. Use a machine to sew one line of gathering stitch length 2.5mm on the upper seam allowance. *22.* Gather to match the width of fit the cuffs..
23. Iron flat. *24.* Put fabric glue on the seam allowance of the cuffs hem. *25.* Attach the frills on the cuffs.
26. Make sure the frills is fine place. *27.* Sew the cuffs.

― 니커보커스 팬츠 ―

28
커프스에 스티치를 넣은 모습입니다.

29
뒤 팬츠의 가랑이부터 뒤트임 끝 표시까지 겉끼리 마주대어 재봉합니다.

30
시접의 곡선 부분에 가위집을 촘촘하게 넣어줍니다.

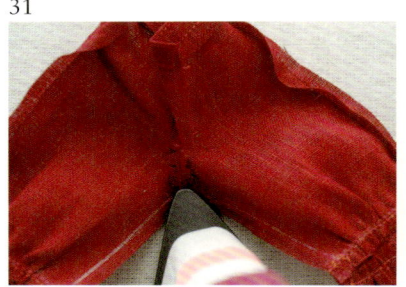
31
다림질로 시접을 나눠줍니다.

32
뒤트임 시접을 다림질로 접어줍니다.

33
뒤트임 부분에 스티치를 넣어줍니다.

34
밑아래를 겉끼리 마주대어 재봉합니다.

35
가랑이 부분 시접에 가위집을 넣어줍니다.

36
겉으로 뒤집어, 스냅 단추를 달면 완성.

28. The cuffs are finished stitches. 29. With the right sides of the back facing, sew the back rise to the opening marker. 30. Cut slits in the seam allowances where the fabric curves. 31. Iron open the seam allowance. 32. Fold the seam allowance of the back opening with an iron. 33. Sew the back opening. 34. Sew the inseams together. 35. Cut slits into the seam allowance. 36. Turn the right side out. Add snaps to the back opening.

니커보커스 팬츠

Jacket

재킷

루즈한 퍼프 슬리브와 피터팬 칼라가 특징인 재킷입니다.
리본으로 느슨하게 묶어주어도, 앞트임을 스냅으로 여미고 장식 단추를 달아도 좋습니다.

린넨 / 벨벳	S 18×45cm		〈앞트임에 리본을 달 경우〉
	M 20×50cm		실크 리본 S, M, L 10cm×2 개
	L 22×55cm		[3.5mm 폭]
프릴용 리본	S 14cm		〈앞트임에 스냅 단추를 달 경우〉
[칼라]	M 15cm		스냅 단추 S, M, L 3 쌍
	L 16cm		

―― 재킷 ――

1	2	3
	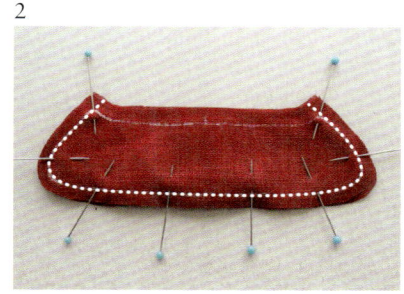	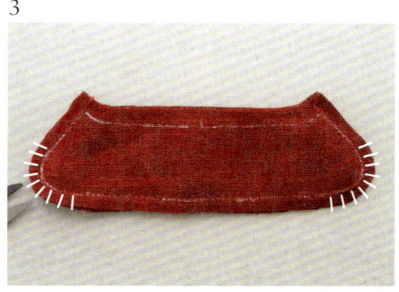
패턴에 맞춰 각 부분을 재단하고, 가장자리에 올풀림 방지액을 발라둡니다.	칼라 2장을 겉끼리 마주대어, 바깥의 완성선을 재봉합니다.	시접의 곡선 부분에 가위집을 촘촘하게 넣어줍니다. 재봉 부분이 잘리지 않도록 주의하세요.
4	5	6

겉으로 뒤집어, 송곳이나 겸자로 모서리와 곡선 부분을 정돈합니다.	프릴용 리본을 원단용 접착제로 임시 고정합니다.	겉에서 재봉해 프릴을 달아줍니다.
7	8	9

프릴을 재봉한 모습입니다.	앞뒤 몸판을 겉끼리 마주대어, 어깨를 재봉합니다.	다림질로 시접을 나눕니다.

This jacket has a loose puff sleeve and a rounded collar. It is fastened with a ribbon loosely or it is good to close the front opening with a snap and attach a decorative buttons.

1. Arrange the paper templates on the fabric and cut all the sections, then apply fray stopper liquid to all the edges.
2. Take the collar pieces and match the edges, sew.   3. Cut slits in the seam allowance on the round.
4. Turn the piece the right side out, using tailor's awl to neatly push out the corners and curves. Iron to shape.
5. Temporarily fix the frill ribbon with fabric glue.   6. Sew the edges.   7. The frill ribbon is now attached to the collar.
8. Match the front and back of the bodice by the shoulders and sew.   9. Iron open the seam allowance.

― 재킷 ―

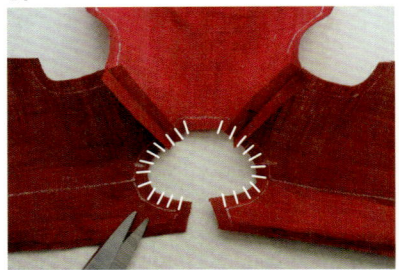
10
목둘레에 가위집을 촘촘히 넣어줍니다.

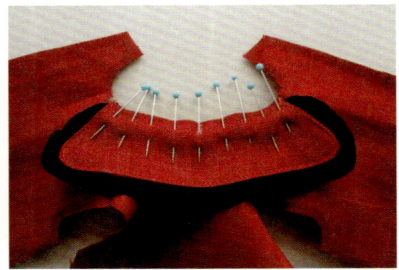
11
칼라와 몸판을 겹쳐서 시침핀으로 고정합니다.

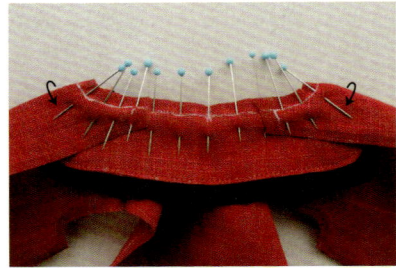
12
몸판의 안단 부분을 겉끼리 맞닿도록 접어서, 시침핀으로 고정합니다.

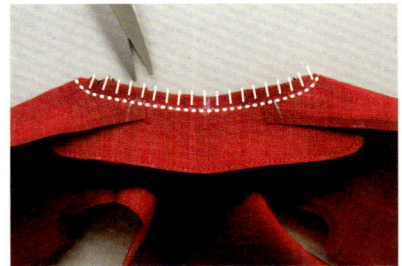
13
완성선을 재봉합니다. 시접에 촘촘히 가위집을 넣고 모서리는 잘라냅니다.

14
몸판의 안단을 겉으로 뒤집어서 다림질로 정돈합니다.

15
소매부리의 시접을 다림질로 접어줍니다.

16
바늘땀이 약 2.5mm 되도록 주름용 재봉을 1줄 해줍니다.
→ 주름 잡는 법은 P.100 참조

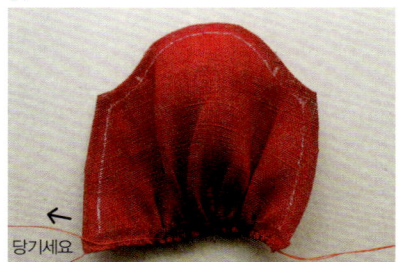
17
실을 잡아당겨, 완성선에서 완성선까지 길이가 [S:4cm/M: 4.5cm/L:4.5cm] 되도록 주름을 잡습니다.

18
주름이 균일하게 잡히도록 정돈해 다림질로 눌러준 후, 스티치를 넣어줍니다.

10. Cut slit in the seam allowance of the neckline. *11.* Pin with right sides facing. *12.* Fold the front facing so it faces inwards. *13.* Sew the neckline. Cut fine slits in the seam allowance of the neckline. *14.* Turn the front facing the right side out, iron to shape. *15.* Fold the seam allowance of the sleeve opening inward and iron. *16.* Machine sew one line of gathering stitches 2.5mm in length in the seam allowance. [refer to p.100 for gathering] *17.* Gather to [S:4cm M:4.5cm L:4.5cm] with the finished line. *18.* Iron flat.

재킷

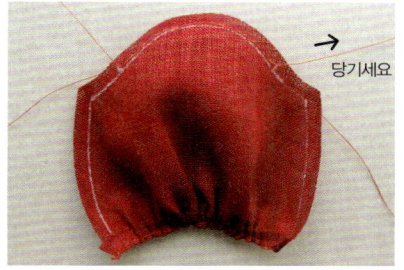

19
당기세요

소매산 시접의 표시부터 표시까지, 바늘땀이 약 2mm 되도록 주름용 재봉을 1줄 해줍니다.

20

몸판의 소매둘레 폭에 맞추어 주름을 잡고, 실을 매듭 지어 다림질로 정돈합니다.

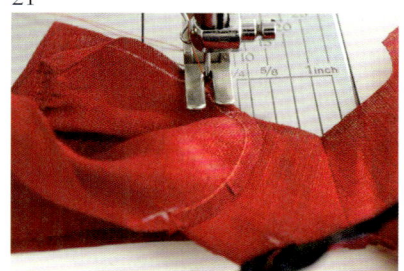

21

몸판과 소매를 겉끼리 마주대어 재봉해 합칩니다.

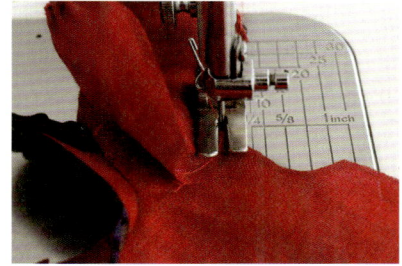

22

소매산의 시접과 소매둘레의 시접을 조금씩 맞춰 나가기 위해, 중간에 노루발을 몇 번 들어 올려가며 재봉합니다.

23

몸판에 소매를 달았습니다. 시접은 소매 쪽으로 접고 다림질로 정돈합니다.

24

앞뒤 몸판을 겉끼리 마주대어 '소맷부리~겨드랑이~밑단'을 재봉합니다.

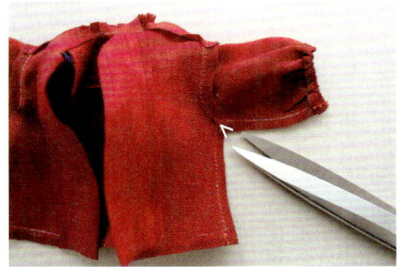

25

겨드랑이 부분 시접에 가위집을 넣어줍니다.

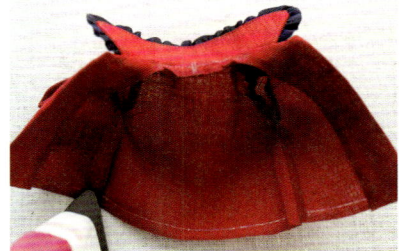

26

겉으로 뒤집어, 시접을 다림질로 나눕니다.

27

안단의 밑단을 겉끼리 맞닿게 뒤집어서 시침핀으로 고정합니다.

19. Machine sew one line of gathering stitches 2mm in length in the sleeve cap seam allowance from marker to marker.
20. Gather the shoulders until the width fits the armhole and iron.   21. Match the side edge of the sleeve to the bodice and gradually, sew the shoulder of the sleeve to armhole.   22. Raise the machine presser foot a number of time while sewing to gradually align the seam allowances of the sleeve caps and armholes.   23. Now the sleeves are attached. Place the seam allowance toward the sleeves and iron.   24. With the right sides of the front and back bodice facing, sew them together.
25. Cut slits into the seam allowance of the pits.   26. Turn right side out. Iron open the seam allowance.   27. Pin the hem of the front facing.

― 재킷 ―

28

안단의 밑단을 재봉합니다.

29

시접의 모서리를 잘라냅니다.

30
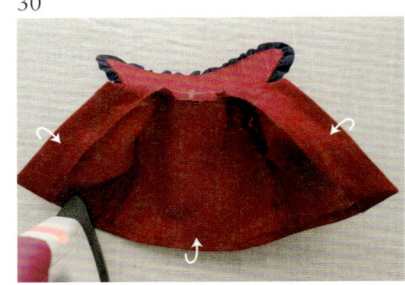
안단을 겉으로 뒤집어 다림질로 정돈합니다. 몸판 밑단의 시접을 다림질로 접어줍니다.

31

목둘레부터 스티치를 넣기 시작합니다.

32

'목둘레~앞트임~밑단~앞트임~목둘레'를 빙 둘러 가며 스티치를 넣어줍니다.

33

스티치를 넣은 모습입니다.

34

앞트임 위쪽에 10cm 길이의 리본을 달아줍니다. (스냅 단추를 달아도 됩니다.)

35

자수실로 이니셜 자수를 새겨줍니다.

36

완성.

28. Sew the hem of the front facing. 29. Cut the corners. 30. Turn right side out of the front facing and iron. Fold the hem.
31-33. Sew around the edges from neckline along the front opening and the hem, then back up to the neckline.
34. Sew the 10cm ribbon to the front opening. Or you can add snaps to the front opening.
35. Take a single embroidery and sew reverse stitches for initial. 36. Complete the jacket.

재킷

Coat
코트

A 라인의 만능 코트입니다. 칼라 패턴은 재킷과 공통인데 젖히면 테일러드 칼라로,
닫으면 귀여운 피터팬 칼라로 변신하므로 2가지 분위기로 즐길 수 있습니다.

울/린넨	S	15×48cm	스냅 단추 S,M,L 4쌍
	M	17×55cm	
	L	22×60cm	
프릴용 리본	S	14cm	
[칼라]	M	15cm	
	L	16cm	

―― 코트 ――

1
패턴에 맞춰 각 부분을 재단하고, 가장자리에 올풀림 방지액을 발라둡니다.

2
칼라 2장을 겉끼리 마주대어, 가장자리의 완성선을 재봉합니다.

3
시접의 곡선 부분에 촘촘하게 가위집을 넣습니다. 재봉 부분이 잘리지 않도록 주의하세요.

4
겉으로 뒤집어, 송곳이나 겸자 등으로 모서리와 곡선 부분을 정돈합니다.

5
가장자리에 스티치를 넣어줍니다.

6
스티치를 넣은 모습입니다.

7
앞뒤 몸판을 겉끼리 마주대어, 어깨를 재봉합니다.

8
다림질로 시접을 나눕니다.

9
목둘레 시접에 촘촘하게 가위집을 넣어줍니다.

The collar pattern is common with the jacket, When opened, it turns into a tailored collar, and when closed, it turns into a cute round collar. Enjoy the difference.

1. Arrange the paper templates on the fabric and cut all the sections, then apply fray stopper liquid to all the edges.
2. Take the collar pieces and match the edges, sew.   3. Cut slits in the seam allowance on the round.
4. Turn the piece the right side out, using tailor's awl to neatly push out the corners and curves. Iron to shape.   5. Sew the edges of the collar.
6. Finished to sew the edges.   7. Match the front and back of the bodice by the shoulders and sew.
8. Iron open the seam allowance.   9. Cut slits in the seam allowance of the neckline.

― 코트 ―

10
칼라와 몸판을 겹쳐서 시침핀으로 고정합니다.

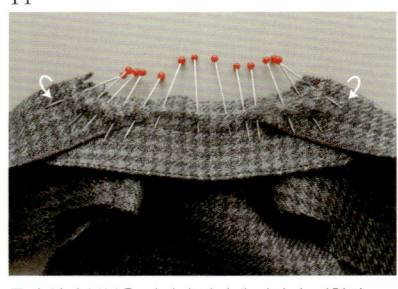
11
몸판 안단 부분을 겉끼리 맞닿게 접어서, 시침핀으로 고정합니다.

12
완성선을 재봉합니다. 시접에 촘촘하게 가위집을 넣고, 모서리는 잘라냅니다.

13
몸판 안단을 겉으로 뒤집어 다림질로 정돈합니다.

14
소매부리 시접을 다림질로 접어줍니다.

15
스티치를 넣어줍니다.

16
소매산 시접의 표시부터 표시까지, 바늘땀이 약 2mm 되도록 주름용 재봉을 1줄 해줍니다.

17
몸판의 소매둘레 폭에 맞추어 주름을 잡아서 실을 매듭지어줍니다.

18
소매산의 주름을 정돈하고 다림질을 해줍니다.

10. Pin with right sides facing. 11. Fold the front facing so it faces inwards. 12. Sew the neckline. Cut fine slits in the seam allowance of the neckline. 13. Turn the front facing the right side out, iron to shape. 14. Fold the seam allowance of the sleeve opening inward and iron. 15. Sew the sleeve opening. 16. Machine sew one line of gathering stitches 2.5mm in length in the seam allowance. 17. Gather the shoulders until the width fits the armhole. 18. Iron flat.

― 코트 ―

19

소매와 몸판을 겉끼리 마주대어 재봉해 합칩니다.

20

소매산의 시접과 소매둘레의 시접을 조금씩 맞춰 나가기 위해, 중간에 노루발을 몇 번 들어 올려가며 재봉합니다.

21

천천히 재봉해 나가면, 소매를 보다 깔끔하게 달 수 있습니다.

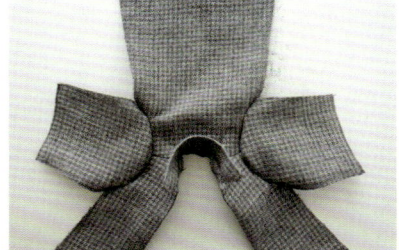

22

몸판에 소매를 달았습니다.

23

시접은 소매 쪽으로 접고 다림질로 정돈합니다. 앞뒤 몸판을 겉끼리 맞댑니다.

24

'소맷부리~겨드랑이~밑단'을 재봉합니다.

25

겨드랑이 부분의 시접에 가위집을 넣습니다.

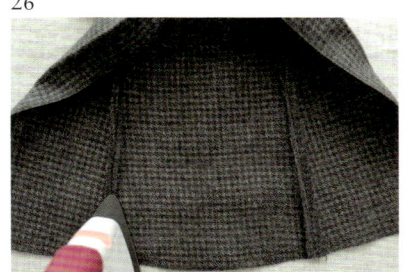

26

겉으로 뒤집어, 다림질로 시접을 나눕니다.

27

안단의 밑단을 겉끼리 맞닿게 뒤집어서 시침핀으로 고정합니다.

19-22. Match the side edge of the sleeve to the bodice and gradually, sew the shoulder of the sleeve to armhole. Raise the machine presser foot a number of times while sewing to gradually align the seam allowances of the sleeve caps and armholes.
23. Place the seam allowance toward the sleeves and iron. With the right sides of the front and back bodice facing.
24. Sew them together.   *25.* Cut slits into the seam allowance of the pits.
26. Turn right side out. Iron open the seam allowance.   *27.* Pin the hem of the front facing.

── 코트 ──

28

안단의 밑단을 재봉하고, 시접의 모서리는 잘라냅니다.

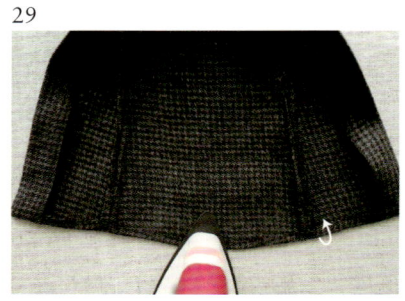

29

안단을 겉으로 뒤집고, 밑단 시접을 다림질로 접어줍니다.

30

목둘레부터 스티치를 넣기 시작합니다.

31

목둘레에서 앞트임으로.

32

앞트임에서 밑단으로.

33

'목둘레~앞트임~밑단~앞트임~목둘레'를 빙 둘러가며 스티치를 넣어준 모습입니다.

34

다림질로 칼라의 모양을 정돈합니다.

35

스냅 단추와 비즈를 달아주면 완성.

36

테일러드 칼라가 아닌 어레인지도 귀엽습니다.

28. Sew the hem. Cut the corners. 29. Turn right side out of the front facing and iron. Fold the hem.
30-33. Sew around the edges from neckline along the front opening and the hem, then back up to the neckline.
34. Iron to shape. 35. Add snaps and beads. 36. It is also cute not to make the shape of the collar tailored.

코트

―― 모자 ――

Hat

모자

일반 육일돌 사이즈의 모자와 브라이스 등 머리가 큰 인형용 모자입니다.
리본을 두르거나 꽃 등으로 장식하면서 즐겨주세요.

린넨	1/6 사이즈	12×30cm
	브라이스 사이즈	35×50cm

--- 모자 ---

1

패턴에 맞춰 각 부분을 재단하고, 가장자리에 올풀림 방지액을 발라두세요.
→브라이스 사이즈는 P.72로

2

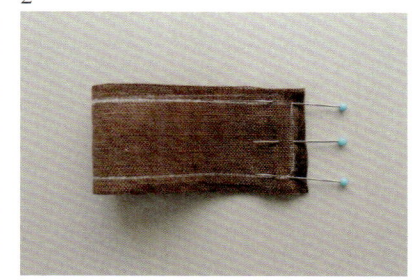

사이드 크라운(모자의 옆 부분)을 겉끼리 맞닿게 반으로 접습니다.

3

끝단을 재봉합니다.

4

다림질로 시접을 나눕니다.

5

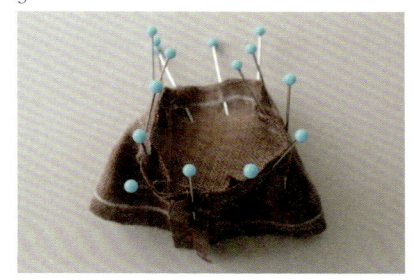

탑 크라운(모자의 윗부분)과 사이드 크라운을 겉끼리 맞대, 시침핀으로 고정합니다.

6

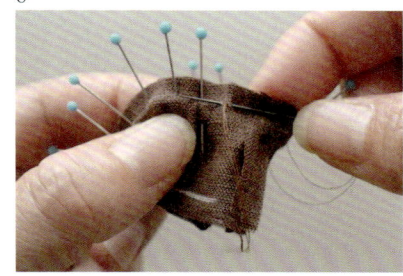

재봉틀로 작업하기 어렵다면, 실을 2줄로 꿰어 반박음질 해주세요.

7

재봉한 상태입니다.

8

시접에 촘촘히 가위집을 넣어줍니다. 재봉 부분이 잘리지 않도록 주의하세요.

9

겉으로 뒤집어줍니다.

A hat for the average 1/6 doll and a doll with a big head such as Blythe.
Please enjoy wrapping ribbons and decorating flowers.

1. Arrange the paper templates on the fabric and cut all the sections, then apply fray stopper liquid to all the edges. [Blythe size p.72]
2. Match the side crown together inside out. 3. Sew the side crown. 4. Iron open. 5. Match the top crown and side crown together inside out.
6-7. If it is difficult to sew with sewing machine, you can sew by hand with two threads to back stitch.
8. Cut slits the seam allowance. Be careful not to cut the stitches. 9. Turn right side out.

― 모자 ―

10
브림(모자의 챙 부분)을 겉끼리 맞닿게 반으로 접습니다.

11
끝단을 재봉합니다.

12
다림질로 시접을 나눕니다.

13
겉감과 안감, 각 1장씩을 재봉한 모습입니다.

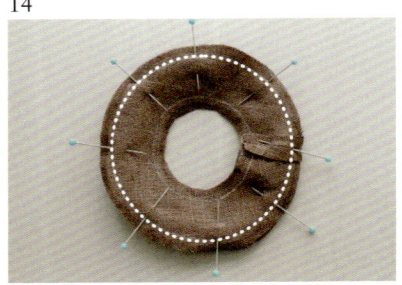
14
겉감과 안감을 겉끼리 맞대, 바깥쪽 완성선을 재봉합니다.

15
시접에 가위집을 촘촘히 넣습니다. 재봉 부분이 잘리지 않도록 주의하세요.

16
겉으로 뒤집어, 다림질로 깔끔한 원형이 되도록 정돈합니다.

17
바깥쪽에 스티치를 넣어줍니다.

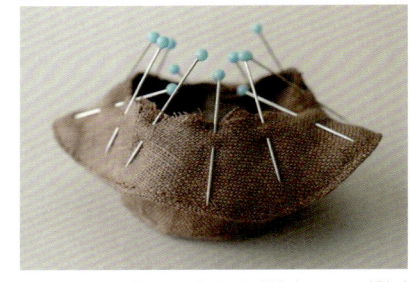
18
브림과 크라운을 겉끼리 맞대 시침핀으로 고정합니다.

10. Match the brim together inside out. *11.* Sew together. *12.* Iron open. *13.* Sew two pieces.
14. Match the brim inside out and sew. *15.* Cut slits the seam allowance. *16.* Turn right side out. Iron to shape.
17. Sew the edges. *18.* Pin the brim and crown inside out together.

19

재봉틀 작업이 어려우면, 실을 2줄 꿰어 반박음질 해 주세요.

20

재봉한 모습입니다.

21

시접에 촘촘하게 가위집을 넣어줍니다.

22

다림질로 시접을 크라운 쪽으로 접어서 정돈하면 완성.

23

레이스를 둘러준 어레인지.

24

촘촘한 홈질로 여러 종류의 레이스를 연결한 어레인지.

25

가느다란 리본으로 나비매듭을 묶어준 어레인지.

19-20. If it is difficult to sew with sewing machine, you can sew by hand with two threads to back stitch.
22. Fold the seam allowance toward to the crown with an iron.   *23.* This is arrangement with laces.
24. Add the several laces are together with running stitch.   *25.* This is arrangement with thin ribbon.

― 큰 모자 ―

1

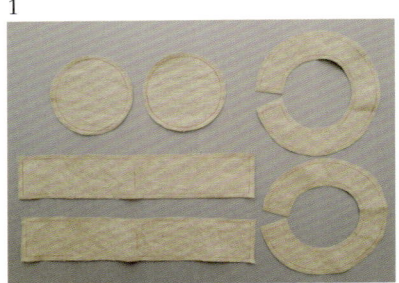

머리가 큰 인형의 모자는 크라운에 안감을 달아줍니다. 겉감과 안감의 각 부분을 재단해 가장자리에 올풀림 방지액을 발라둡니다.

2

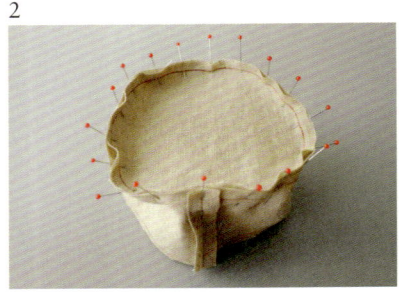

사이드 크라운을 겉끼리 맞대 원통형이 되게 재봉하고 시접을 나눕니다. 이를 탑 크라운과 겉끼리 맞대 시침핀으로 고정합니다.

3

사이드크라운과 탑크라운을 재봉해 합칩니다.

4

시접에 촘촘하게 가위집을 넣습니다. 재봉 부분이 잘리지 않도록 주의하세요.

5

다림질로 시접을 나눕니다. 안감으로도 크라운을 하나 더 만듭니다.

6

겉감 크라운 안쪽에 안감 크라운을 겹쳐 넣습니다.

7

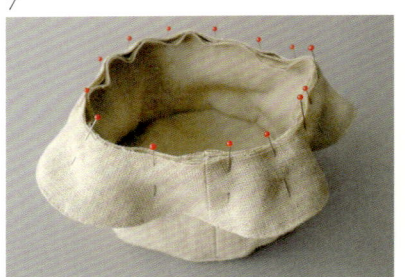

70페이지의 10~11번에 따라 브림을 재봉하고, 크라운과 브림을 겉끼리 맞대 시침핀으로 고정합니다.

8

브림과 크라운을 재봉해 합칩니다.

9

시접에 촘촘히 가위집을 넣어줍니다. 다림질로 시접을 크라운 쪽으로 접어서 정돈하면 완성.

Huge Hat

1. Arrange the paper templates on the fabric and cut all the sections, then apply fray stopper liquid to all the edges. The huge hat needs back fabric.
2. Match the side crown together inside out and sew. Iron open. Match the top crown and side crown together inside out.
3. Sew together. 4. Cut slits the seam allowance. Be careful not to cut the stitches. 5. Iron open. Make the back fabric in the same way.
6. Set the back fabric inside the crown of the right side. 7. Sew the brim. [Refer to 10-17.] Pin the crown and the brim together. 8. Sew together.
9. Cut slits the seam allowance. Turn right side out. Fold the seam allowance toward to the crown with an iron.

모자

― 가방 ―

Bag

가방

가방을 만들 때는 단 처리가 필요 없는 레자나 스웨이드, 합피를 사용합니다.
얇은 소재를 추천합니다. 강도가 불안한 경우에는 단을 재봉해도 좋습니다.

합피 　 각 8×10cm

자수실 　 좋아하는 종류로

가방

1
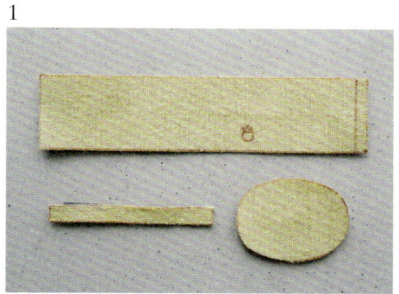
원통형 가방 패턴에 맞춰 각 부분을 재단합니다.

2
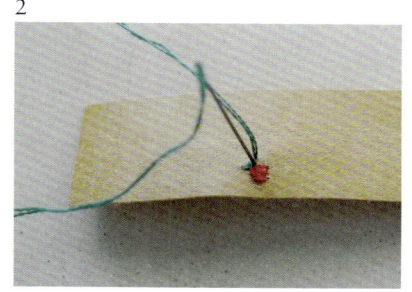
원하는 자수를 넣어줍니다. 자수실은 2줄을 꿰빕니다.

3
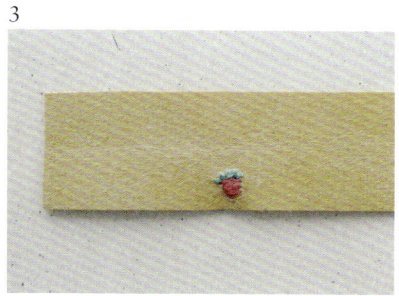
딸기 모양 자수를 넣었습니다.

4
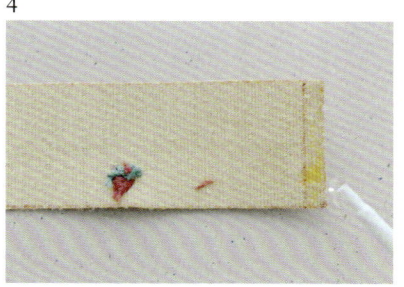
옆면의 풀칠할 부분에 피혁용 접착제를 발라줍니다.

5

단을 겹쳐서 붙여주면 원통 모양이 됩니다.

6

바닥 부분의 가장자리에 접착제를 바릅니다.

7

원통형과 바닥 부분을 붙여줍니다.

8
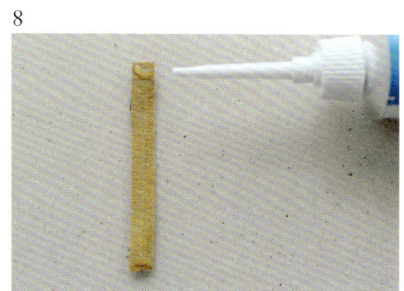
가방끈 부분의 단에 접착제를 바릅니다.

9

안쪽에 가방끈을 붙이면 완성.

For the bag, use leather, suede, or synthetic leather. It is recommended to use thin materials. If the strength is insecure, you can sew the edges.

1. Arrange the paper templates on the fabric and cut all the sections.   2. Use two embroidery threads.   3. The strawberry embroidery is finished.   4. Put leather glue on the edges.   5. Match the edges together and make a tube.   6. Put leather glue on the edges.   7. Match together.   8. Put leather glue on the edges of the handle.   9. Paste together.

― 가방 ―

1
토트백의 패턴에 맞춰 각 부분을 재단합니다.

2
좋아하는 자수를 넣어줍니다. 자수실은 2줄로 뀁니다.

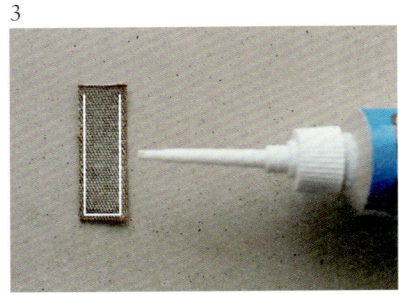

3
양쪽 사이드 부분의 가장자리에 피혁용 접착제를 바릅니다.

4
가방 본체를 완성선대로 접어서 사이드 부분을 붙여줍니다. 이어서 바닥과 사이드 부분을 안쪽으로 접어줍니다.

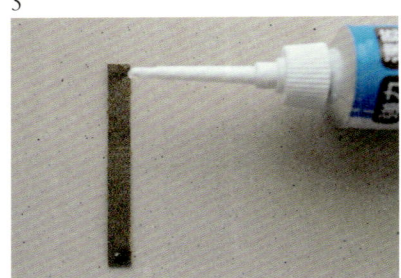

5
가방끈 부분의 단에 접착제를 바릅니다.

6
가방끈 부분을 붙이면 완성.

7
가방끈의 길이, 가방의 크기 등을 변형하면 다양한 어레인지가 가능합니다.

1. Arrange the paper templates on the fabric and cut all the sections. *2.* Use two embroidery threads. *3.* Put leather glue on the edges. *4.* Fold the bag and paste together with side pieces. And fold the bottom and the sides. *5.* Put leather glue on the edges. *6.* Paste together.
7. You can make various arrangements to change the length of the handle or the size of the bag.

가방

arrangement

Front
몸판 어레인지

- *a.* 레이스 콜라주   79   *a. Lace Collage*
- *b.* 레이스 프릴   80   *b. Lace Frill*
- *c.* 레이스 플리츠   81   *c. Lace Pleats*
- *d.* 핀턱   82   *d. Pin Tuck*

Collar
칼라 어레인지

- *e.* 러플 칼라   84   *e. Ruffled Collar*
- *f.* 피터팬 칼라   86   *f. Petar Pan Collar*
- *g.* 레이스 스탠드 칼라   88   *g. Lace Stand Collar*

Sleeve
소매 어레인지

- *h.* 레이스 캡 소매   89   *h. Lace Cap Sleeve*
- *i.* 기본 소매   90   *i. Set-in Sleeve*
- *j.* 벌룬 소매   92   *j. Balloon Sleeve*
- *k.* 커프스 소매   94   *k. Band Cuffs*

Hem
밑단 어레인지

- *l.* 레이스 주름   96   *l. Lace Gather*
- *m.* 프릴   97   *m. Frill*
- *n.* 드론워크   98   *n. Drawn Work*

Front Arrangement
몸판 어레인지

a.
Lace Collage
레이스 콜라주

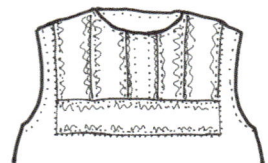

몸판 어레인지 중 가장 간단한 방법. 레이스를 올려서 재봉해 달아주면 됩니다.

1

앞 몸판의 중심에 원하는 크기의 레이스를 배치합니다.

2

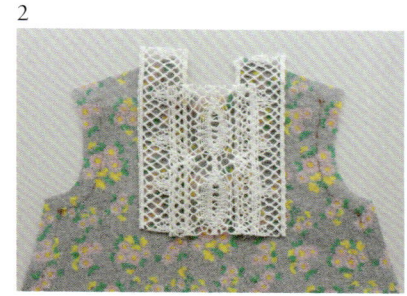

그 옆에 다른 레이스를 배치합니다.

3

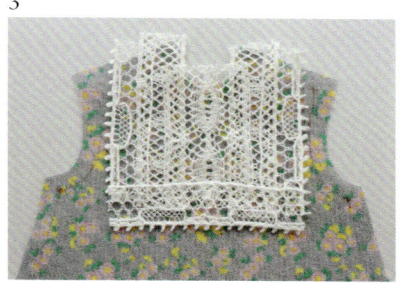

좌우 대칭이 되도록, 레이스들을 조금씩 겹쳐서 배치합니다.

4

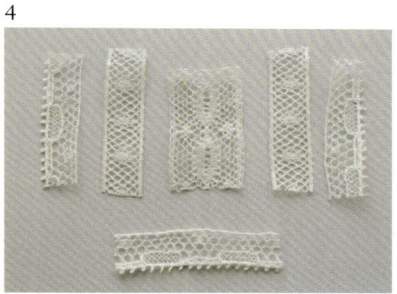

몸판에서 레이스들을 꺼내 놓습니다.

5

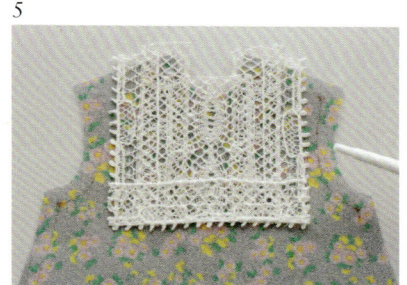

원단용 접착제로 1장씩 임시 고정합니다.

6

재봉합니다.

7

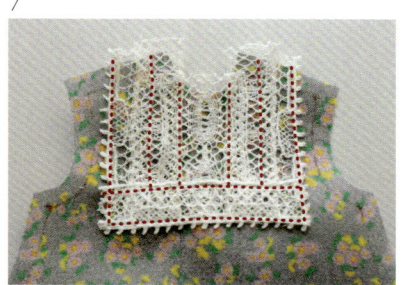

재봉한 모습입니다.

8

몸판에 맞춰 여분의 레이스를 잘라냅니다.

9

레이스를 세로로 몇 줄 달아주기만 해도 귀엽습니다.

1. Place your favorite size lace in the center of the front bodice. *2.* Place the lace in the both of sides.
3. Place the laces little by little symmetrically. *4.* Take off the laces from the front bodice.
5. Apply fabric glue the laces. *6-7.* Sew the laces. *8.* Cut the laces. *9.* It is cute just sewing several laces vertically.

Front Arrangement
몸판 어레인지

b.
Lace Frill
레이스 프릴

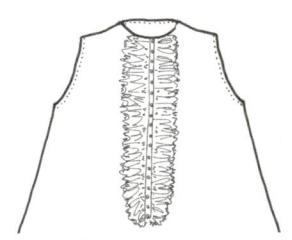

남는 레이스가 있다면, 주름을 잡아서 프릴 장식으로 활용합니다.

1

앞 몸판 중심에 원하는 길이로 선을 그어줍니다.

2
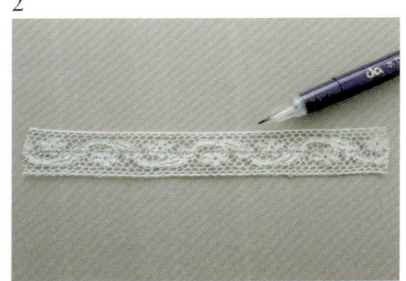
앞 몸판 중심에 그은 선의 2배 길이로 레이스를 준비해서, 레이스 중앙에 선을 그어줍니다.

3
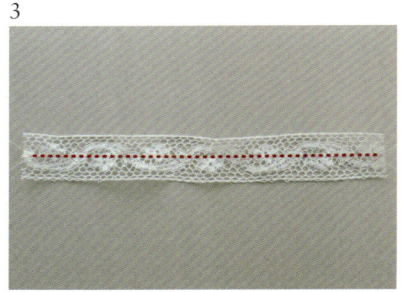
바늘땀이 약 2mm 되도록, 레이스에 주름용 재봉을 1줄 해줍니다.
→ 주름 잡는 법은 P.100 참조

4
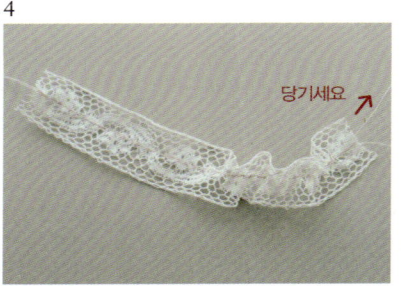
앞 몸판에 그은 선의 길이에 맞춰 주름을 잡고, 실을 매듭짓습니다.

5

주름을 정돈해서 다림질로 눌러줍니다.

6
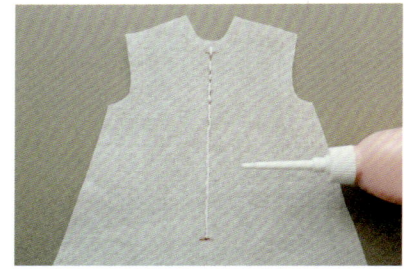
앞 몸판에 그은 선에 원단용 접착제를 바릅니다.

7

레이스를 임시 고정합니다.

8

주름용 재봉을 한 곳 위에 가느다란 리본을 올려 임시 고정한 다음 재봉합니다.

9

비즈나 단추를 달아 장식해도 귀엽습니다.

1. Draw the line of desired length in the center of the front bodice. 2. Prepare a lace that is about twice as long as the line. Draw the line in the center of the lace. 3. Machine sew one line of gathering stitches 2mm in length in the center. [refer to p.100 for gathering] 4. Gather the lace until the width fits the line. 5. Iron flat. 6. Apply fabric glue on the line. 7. Temporarily the lace. 8. Apply fabric glue on the center of the lace. Place the thin ribbon and sew. 9. It is cute for decoration with beads or buttons for finishing.

Front Arrangement
몸판 어레인지

c.
Lace Pleats
레이스 플리츠

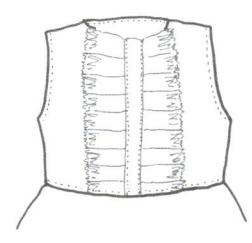

> 엣징 레이스(한 면은 직선, 다른 면은 반원형)는 플리츠로 만들어도 화려합니다.
> 중앙의 가느다란 리본은 별색으로 해도 예쁩니다.

1

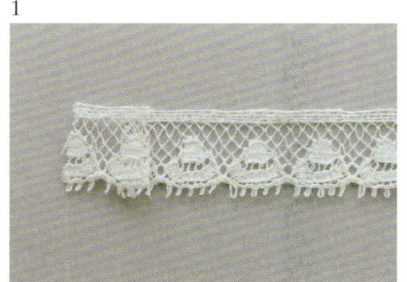

레이스에 5mm 간격으로 플리츠를 잡아줍니다.

2

원단용 접착제로 조금씩 고정하면서 작업하면 만들기 쉽습니다.

3

원하는 폭만큼 플리츠를 만듭니다.

4

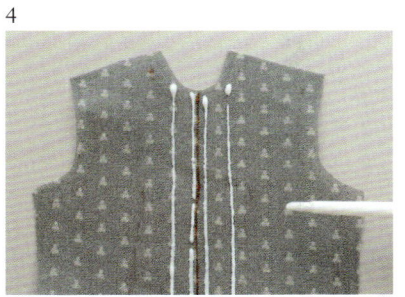

앞 몸판에 의류용 접착제를 발라줍니다.

5

플리츠를 임시 고정합니다.

6

중앙에 가느다란 리본을 임시 고정합니다.

7

가느다란 리본 가장자리를 재봉합니다.

8

재봉한 모습입니다.

9

마무리로 비즈나 단추를 달면 귀엽습니다.

1. About 5mm pleats to the lace. *2.* It is easy to make with fabric glue. *3.* Make pleats to the width you want to use.
4. Apply fabric glue on the front bodice. *5.* Temporarily the lace. *6.* Apply fabric glue on the center of the lace. Place the thin ribbon.
7-8. Sew the ribbon. *9.* It is cute for decoration with beads or buttons for finishing.

Front Arrangement
몸판 어레인지

d.
Pin Tuck
핀턱

탈부착 칼라에 꼭 적용해주셨으면 하는 핀턱. 블라우스나 에이프런 스커트에도 잘 어울립니다.

1

패턴보다 큰 사이즈의 원단을 준비합니다.

2

결 방향에 맞춰 원단을 다림질로 접어줍니다.

3

접은 곳으로부터 원하는 폭만큼 떨어진 곳에 재봉선을 그립니다. (사진은 1mm 간격)

4
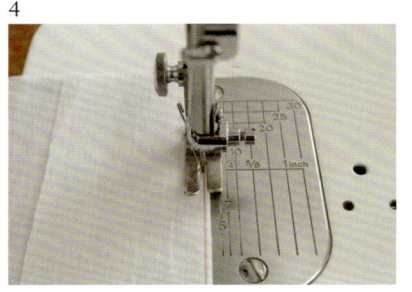
재봉선 위를 재봉합니다.

5

재봉한 모습입니다.

6

원단을 펼쳐서, 방금 재봉한 주름을 바깥쪽으로 눕히고 다림질로 정돈합니다.

7

같은 방법으로 원단을 다림질로 접어줍니다. (폭은 원하는 대로)

8

재봉선을 그려서 재봉합니다.

9

원단을 펼쳐서, 방금 재봉한 주름을 바깥쪽으로 눕히고 다림질로 정돈합니다.

---

1. Prepare a fabric that is larger than the pattern you want to use.   *2.* Fold along the weave with an iron.
3. Draw a seam line from the crease at the desired width (the photo is 1 mm from the crease).   *4-5.* Sew the line.
6. Iron open and iron toward to outside.   *7.* Fold in the same way along the texture.   *8.* Draw the line and sew.   *9-10.* Iron open and outward.

10

핀턱 재봉이 끝난 모습입니다.

11

핀턱을 잡은 원단 위에 패턴을 놓고 베껴 그립니다.

12

재단합니다.

13

가장자리에 올풀림 방지액 처리를 해둡니다.

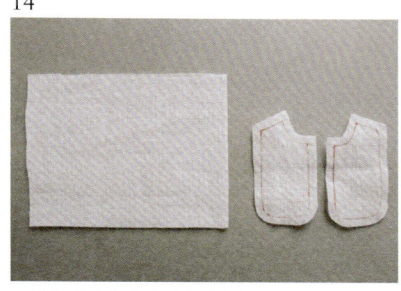

14

탈부착 칼라의 핀턱 어레인지의 경우, 핀턱을 잡으려는 부분을 크게 재단합니다.

15

핀턱을 잡아줍니다.

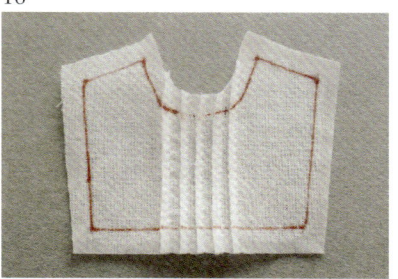

16

패턴에 맞춰 각 부분을 재단하고, 가장자리에 올풀림 방지액을 발라둡니다.

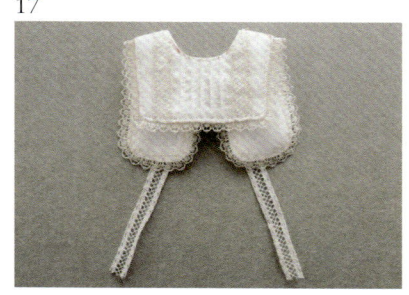

17

탈부착 칼라의 핀턱 사이드에 레이스를 올려 재봉해 봤습니다.

11. Trace the pattern on the fabric. 12. Cut the section. 13. Apply fray stopper liquid to the edges.
14. For detachable collar, Cut the parts you want to pin-tack large. 15. Make pin tucks. 16. Arrange the paper templates on the fabric and cut the section, then apply fray stopper liquid to all the edges. 17. This detachable collar has laces on the sides of the pin tucks.

Collar Arrangement
칼라 어레인지

e.
Ruffled Collar
러플 칼라

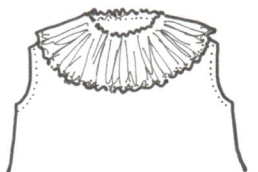

풍성한 볼륨으로 단번에 화려하게 변신하는 러플 칼라. 넓은 레이스 등을 사용해도 좋습니다.

1
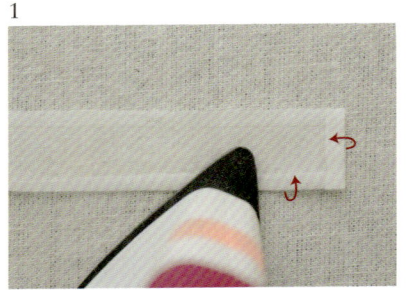
프릴 원단의 밑단과 양단 시접을 다림질로 접어줍니다.

2
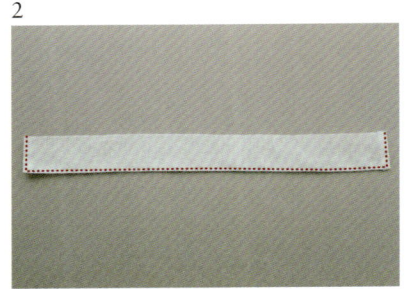
접은 부분에 스티치를 넣어줍니다.

3
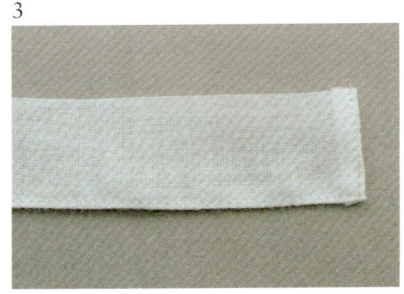
스티치를 넣은 모습입니다.

4

접지 않은 시접 부분에 바늘땀 약 2mm의 주름용 재봉을 1줄 해줍니다.

5
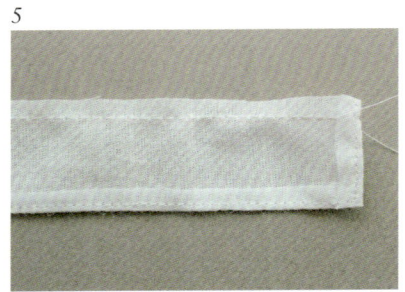
주름용 재봉은 완성선의 약간 위쪽에 하면 됩니다.
→ 주름 잡는 방법은 P.100 참조

6
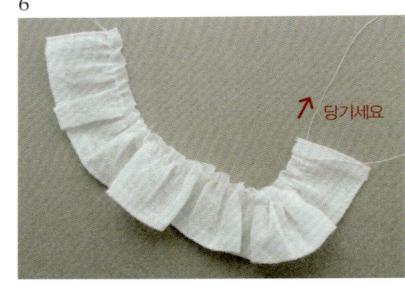
몸판의 목둘레 폭에 맞춰 주름을 잡고, 실을 매듭짓습니다.

7

주름이 균일하도록 정돈해서 다림질로 눌러줍니다.

8

몸판 목둘레의 시접에 원단용 접착제를 발라줍니다.

9

칼라를 임시 고정합니다.

---

1. Fold the seam allowance of the ruffled with an iron. 2-3. Sew the edges.
4. Use a machine to sew one line of gathering stitch length 2mm on the upper seam allowance.
5. Sew gathering stitch slightly above the finished line. [refer to p.100 for gathering] 6. Gather the fabric to match of the width of the neckline.
7. Neaten the spacing of the gathering and iron flat. 8. Apply fabric glue to the seam allowance. 9. Place the ruffled collar.

10

뒤 몸판의 안단 시접 윗부분에 원단용 접착제를 발라 줍니다.

11

안단을 겉끼리 마주대어, 칼라와 겹쳐지도록 임시 고 정합니다.

12

완성선을 그려줍니다.

13

목둘레를 재봉합니다.

14

시접에 촘촘히 가위집을 넣고, 모서리는 잘라냅니다.

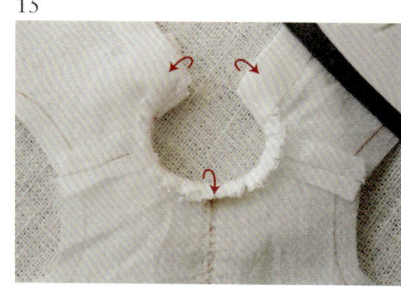

15

안단을 겉으로 뒤집고, 칼라의 시접은 다림질로 안쪽 으로 접어줍니다.

16

'뒤트임~목둘레~뒤트임'에 스티치를 넣어줍니다.

17

스티치를 넣은 모습입니다.

18

분무기로 칼라에 습기를 주고, 다림질로 정돈하면 완 성.

10. Apply fabric glue to the seam allowance of the back facing. *11.* Match the back facing. *12.* Trace the finishing line. *13.* Sew the neck line. *14.* Cut slits in the seam allowances and cut the corners. *15.* Turn right side out of the back facing. Fold inside the seam allowance of the collar. *16-17.* Sew the edges as pictured. *18.* Iron with little water into shape.

Collar Arrangement
칼라 어레인지

f.
Peter Pan Collar
피터팬 칼라

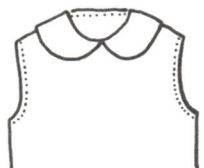

칼라의 커브가 완만해서 몸판에 달기 쉬운 둥근 칼라. 두꺼운 원단에는 얇은 안감을 권합니다.

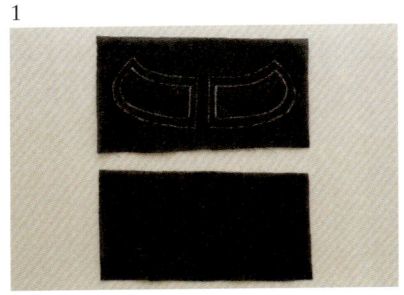

1

원단에 칼라 패턴 한 쌍을 베껴 그리고 여분을 넉넉히 두고 재단합니다. 같은 크기의 원단 1장을 더 준비합니다.

2

칼라 원단 2장을 겉끼리 마주대어, 바깥쪽 완성선을 재봉합니다.

3

시접을 남기고 재단하고, 모서리는 잘라냅니다.

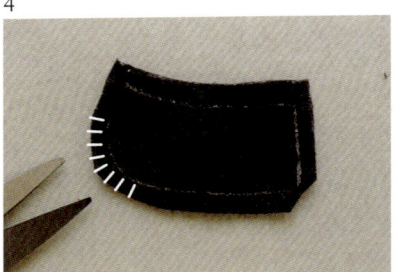

4

곡선 부분에 촘촘히 가위집을 넣습니다. 재봉 부분이 잘리지 않게 주의하세요.

5

겉으로 뒤집어, 송곳이나 겸자 등으로 모서리나 곡선 부분을 깔끔하게 밖으로 내고 다림질로 정돈합니다.

6

시접에 올풀림 방지액을 발라줍니다.

7

몸판의 목둘레 시접에 촘촘히 가위집을 넣어줍니다.

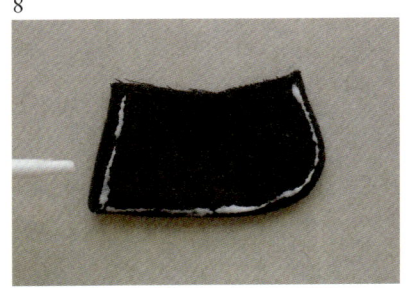

8

칼라에 레이스를 부착할 경우, 칼라 안쪽에 원단용 접착제를 발라줍니다.

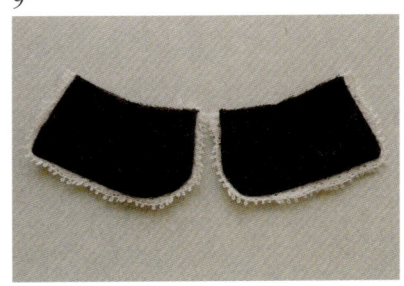

9

레이스를 임시 고정합니다.

1. For the collar take two pieces of the same size and draw the collar on one piece. *2.* Take the collar pieces and match the edge, sew along the outer seam line. *3.* Cut the collar sections out, leaving seam allowance, and cut the corners. *4.* Cut slits in the corner. Be careful not to cut the stitches. *5.* Turn right side out with tailor's awl then iron into shape. *6.* Apply fray stopper liquid to the seam allowance. *7.* Cut slits in the seam allowance. *8.* If you want to put the lace around, then apply fabric glue on the edge of the back collar. *9.* Place the laces.

10

칼라 가장자리에 스티치를 넣어줍니다.

11

좌우 균형을 맞춰 몸판에 칼라를 임시 고정합니다.

12

칼라에 완성선을 그려주고, 뒤 몸판의 안단 시접 윗부분에 원단용 접착제를 발라줍니다.

13

안단을 겉끼리 맞닿게 접어, 칼라와 겹쳐지도록 임시 고정합니다.

14

칼라를 재봉합니다. 시접에 촘촘히 가위집을 넣고 모서리는 잘라냅니다.

15

안단을 겉으로 뒤집고, 칼라 시접은 다림질로 안쪽으로 접어줍니다.

16
뒤트임~목둘레~뒤트임'에 스티치를 넣어줍니다.

17

스티치를 넣은 모습입니다.

18

피터팬 칼라 완성.

10. Sew the edges.   11. Make sure to be symmetric, apply fabric glue on the seam allowance of the neck and place the collars.
12. Trace the finishing line and apply fabric glue on the seam allowance of the back facing.   13. Fold the back facing.
14. Sew the collars, cut slits in the seam allowance and corners.   15. Turn right side out of the back facing. Fold inside the seam allowance of the collar.
16-17. Sew the edges as pictured.   18. Iron into shape.

― Collar Arrangement ―
칼라 어레인지

g.
Lace Stand Collar
레이스 스탠드칼라

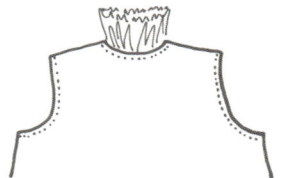

얇은 토션 레이스로 만드는 간단 스탠드칼라. 칼라의 폭은 길어도 짧아도 좋습니다.

1

[S_11cm/M_12cm/L_15cm] 길이의 레이스를 준비해주세요.

2

레이스의 윗부분에 바늘땀이 약 2mm 되도록 주름용 재봉을 1줄 해줍니다.
→ 주름 잡는 방법은 P.100 참조

3

주름용 재봉을 한 모습입니다.

4

당기세요
한쪽 끝의 실을 매듭짓고, 다른 쪽 방향의 밑실을 당겨서 주름을 잡아줍니다.

5

몸판 목둘레 사이즈에 맞춰 실을 매듭짓고, 다림질로 주름을 정돈합니다.

6

안감이 부착된 상태의 몸판 목둘레에 원단용 접착제를 발라줍니다.

7

주름 잡은 레이스를 임시 고정합니다.

8

'뒤트임~목둘레~뒤트임'에 스티치를 넣어줍니다.

9

레이스 스탠드칼라 완성.

1. The lace for the collar width is [S:11cm M:12cm L:15cm].
2-3. Use a machine to sew one line of gathering stitch length 2mm on the upper seam allowance. [refer to p.100 for gathering]
4. Tie the ends at the one side and pull the bottom thread from one side.   *5.* Match the width of fit the neck line and tie the threads.
6. Apply fabric glue on the seam allowance.   *7.* Place the lace collar.   *8-9.* Sew the edges as pictured.

Sleeve Arrangement
소매 어레인지

h.
Lace Cap Sleeve
레이스 캡 소매

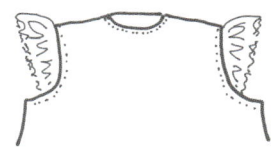

첫 소매 달기에 추천하는 캡 소매. 좌우 폭을 잘 맞추면 깔끔한 실루엣으로 완성됩니다.

1

[S_8cm/M_9cm/L_10cm] 길이의 레이스 2장을 준비합니다. 1~1.5cm 폭의 레이스를 추천합니다.

2
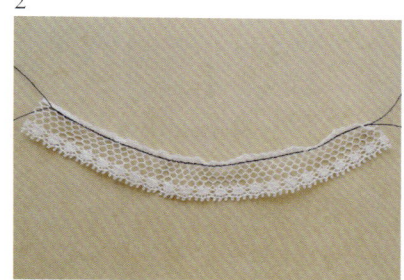
레이스 윗부분에 바늘땀이 약 2mm 되도록 주름용 재봉을 1줄 해줍니다.

3
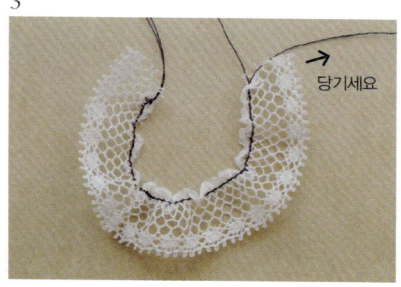
당기세요

한쪽 끝의 실을 매듭짓고, 다른 쪽 밑실을 잡아당겨 주름을 잡아줍니다.

4

레이스 길이가 [S_3.5cm/M_4cm/L_4.5cm] 되도록 주름을 잡고, 실을 매듭짓습니다.

5

소매둘레의 시접에 촘촘히 가위집을 넣어 안쪽으로 접고, 원단용 접착제로 레이스를 임시 고정합니다.

6

소매둘레에 스티치를 넣어줍니다.

7
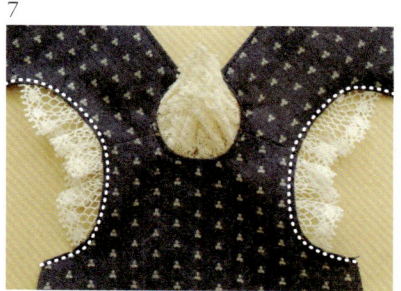
스티치를 넣은 모습입니다.

8

앞뒤 몸판을 겉끼리 마주대어 양쪽 옆선을 재봉합니다.

9

겉으로 뒤집으면 완성.

1. The lace for the collar width is [S:8cm M:9cm L:10cm]. *2.* Use a machine to sew one line of gathering stitch length 2 mm on the upper seam allowance.
3. Tie the ends at the one side and pull the bottom thread from one side. *4.* Match the width [S:3.5cm M:4cm L:4.5cm] and tie the threads.
5. Cut fine slits into the seam allowance of the armholes. Fold the seam allowances and temporarily the lace with fabric glue.
6-7. Sew the armholes. *8.* With right sides of front and back facing, sew together. *9.* Turn right side out.

― Sleeve Arrangement ―
소매 어레인지

i.

Set-in Sleeve
기본 소매

실루엣을 중시한 긴소매. 소매산의 작은 주름으로 입체감을 살렸습니다.

1

패턴에 맞춰 각 부분을 재단하고, 가장자리에 올풀림 방지액을 발라둡니다.

2

소맷부리의 시접을 다림질로 접어줍니다.

3

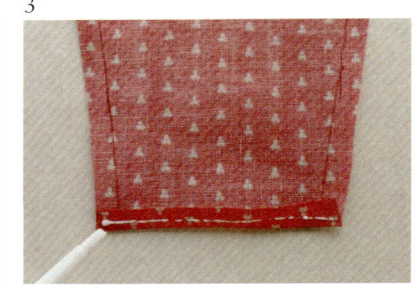

소맷부리에 레이스를 달 경우, 원단용 접착제를 발라 줍니다.

4

레이스를 임시 고정합니다.

5

스티치를 넣어줍니다.

6

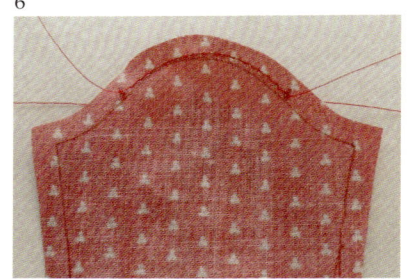

소매산 시접의 표시 부분에 바늘땀이 약 2mm 되도록 주름용 재봉을 해줍니다.

7

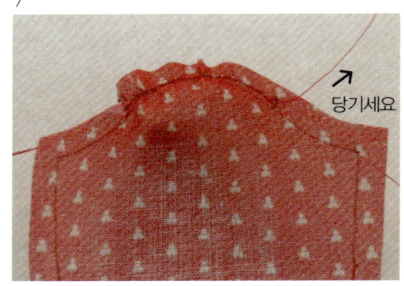

↗ 당기세요

몸판의 소매둘레에 맞춰 주름을 잡고, 실을 매듭짓습니다.

8

주름을 정리해 다림질로 눌러줍니다.

9

몸판과 소매를 겉끼리 마주대어 재봉해 합칩니다.

1. Arrange the paper templates on the fabric and cut all the sections, then apply fray stopper liquid to all the edges.
2. Fold the seam allowance of the sleeve opening.   3. If you want to put the lace on the sleeve opening, apply fabric glue.
4. Temporarily the lace with fabric glue.   5. Sew the sleeve opening.   6. Machine sew one line of gathering stitches 2mm in length in the seam allowance.
7. Gather the shoulders until the width fits the armhole.   8. Iron flat.

10

소매산의 시접과 소매둘레 시접을 조금씩 맞춰 가기 위해, 중간에 재봉틀의 노루발을 몇 번 들어 올려가며 재봉합니다.

11
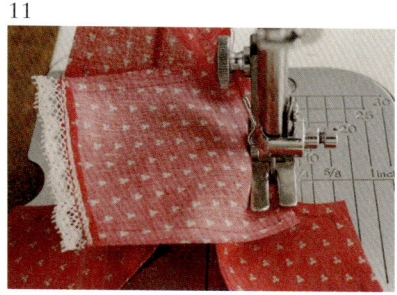
천천히 재봉하면 깔끔하게 소매를 달 수 있습니다.

12

몸판에 소매가 부착된 모습입니다.

13
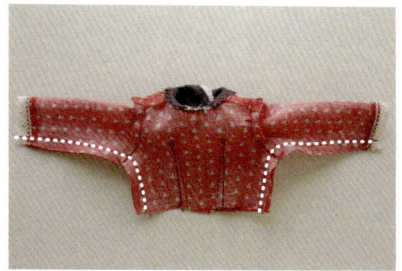
시접은 소매 쪽으로 접고, 앞뒤 몸판을 겉끼리 마주대어 '소맷부리~겨드랑이~밑단'을 재봉합니다.

14

겨드랑이 부분 시접에 가위집을 넣어줍니다.

15

겉으로 뒤집어, 다림질로 시접을 나눕니다.

16

완성.

9-12. Match the side edge of the sleeve to the bodice and gradually, sew the shoulder of the sleeve to armhole. Raise the machine presser foot a number of times while sewing to gradually align the seam allowances of the sleeve caps and armholes.
13. Place the seam allowance toward the sleeves and iron. With the right sides of the front and back bodice facing. Sew them together.
14. Cut slits into the seam allowance of the pits.   *15.* Turn right side out. Iron open the seam allowance.   *16.* Iron into shape.

Sleeve Arrangement
소매 어레인지

j.
Ballon Sleeve
벌룬 소매

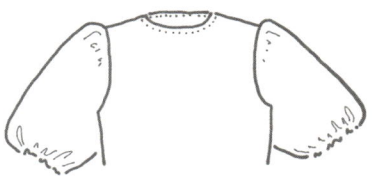

소매산이 완만하므로 천천히 재봉하면 깔끔하게 완성됩니다.

1. 패턴에 맞춰 각 부분을 재단하고, 가장자리에 올풀림 방지액을 발라줍니다.

2. 소맷부리의 시접을 다림질로 접어줍니다.

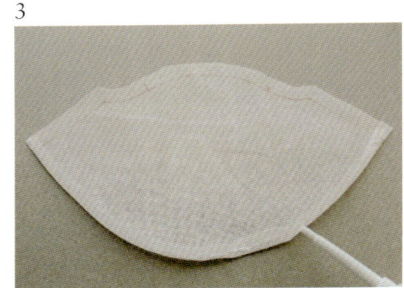

3. 소맷부리 시접에 원단용 접착제를 발라줍니다.

4. 레이스를 임시 고정합니다.

5. 소맷부리에 바늘땀이 약 2mm 되도록 주름용 재봉을 합니다.

6. 한쪽 실을 매듭짓고, 다른 쪽 윗실을 당겨 주름을 잡아줍니다.

7. 완성선부터 완성선까지 [S_4cm/M_4cm/L_4.5cm] 가 되도록 주름을 잡고, 실을 매듭짓습니다.

8. 소맷부리에 스티치를 넣어줍니다.

9. 스티치를 넣은 모습입니다.

1. Arrange the paper templates on the fabric and cut all the sections, then apply fray stopper liquid to all the edges.
2. Fold the seam allowance of the sleeve opening.　3. Apply fabric glue.　4. Temporarily the lace with fabric glue.
5. Machine sew one line of gathering stitches 2mm in length in the seam allowance.　6. Tie the ends at the one side and pull the bottom thread from one side.
7. Gather the width [S:4cm　M:4cm　L:4.5cm] from finished line to finished line. Tie the threads.　8-9. Sew the sleeve opening.

10
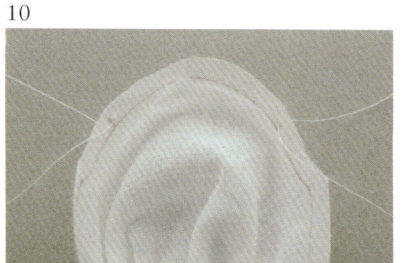
소매산 시접의 표시부터 표시까지, 바늘땀이 약 2mm 되도록 주름용 재봉을 해줍니다.

11

몸판 소매둘레에 맞춰 주름을 잡고, 실을 매듭짓습니다.

↑ 당기세요

12

주름을 정리해 다림질로 눌러줍니다.

13
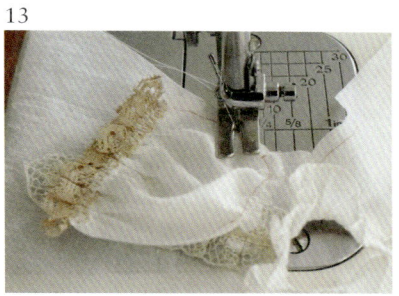
몸판과 소매를 겉끼리 마주댑니다. 소매산의 시접과 소매둘레의 시접을 조금씩 맞춰 나가기 위해, 중간에 노루발을 몇 번 들어 올려가며 재봉합니다.

14

소매가 부착된 모습입니다.

15

앞뒤 몸판을 겉끼리 마주대어 '소맷부리~겨드랑이~밑단'을 재봉합니다.

16

재봉한 모습입니다.

17

겨드랑이 부분의 시접에 가위집을 넣습니다.

18

겉으로 뒤집어 다림질로 시접을 나누면 완성.

10. Machine sew one line of gathering stitches 2mm in length in the seam allowance.　*11.* Gather the shoulders until the width fits the armhole.　*12.* Iron flat.　*13-14.* Match the side edge of the sleeve to the bodice and gradually, sew the shoulder of the sleeve to armhole. Raise the machine presser foot a number of times while sewing to gradually align the seam allowances of the sleeve caps and armholes.　*15-16.* Place the seam allowance toward the sleeves and iron. With the right sides of the front and back bodice facing. Sew them together.　*17.* Cut slits into the seam allowance of the pits.　*18.* Turn right side out. Iron open the seam allowance.

Sleeve Arrangement
소매 어레인지

k.
Band Cuffs
커프스 소매

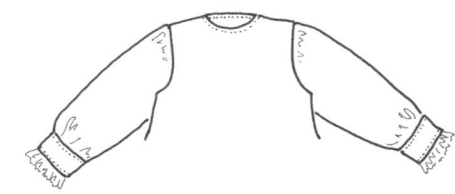

벌룬 소매보다 볼륨감은 적습니다. 커프스 없이 벌룬 모양으로 완성해도 좋습니다.

1

패턴에 맞춰 각 부분을 재단하고, 가장자리에 올풀림 방지액을 발라둡니다.

2
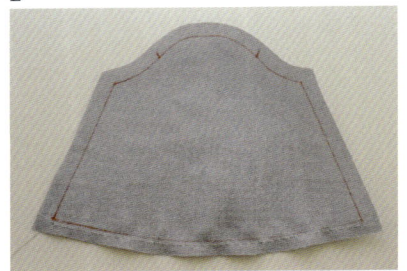
소맷부리의 시접에 바늘땀이 약 2mm 되도록 주름용 재봉을 1줄 해줍니다.

3
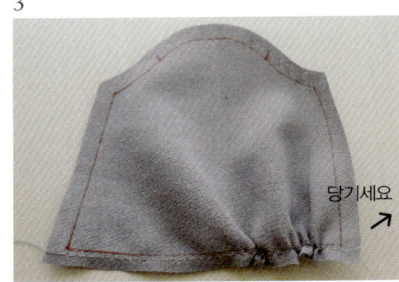
한쪽 실을 매듭짓고, 다른 쪽 윗실을 잡아당겨 주름을 잡아줍니다.

4

커프스의 폭에 맞춰 주름을 잡은 후, 실을 매듭짓고 다림질로 정돈합니다.

5
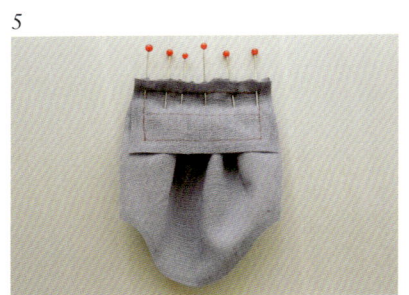
소맷부리와 커프스를 겉끼리 마주댑니다.

6
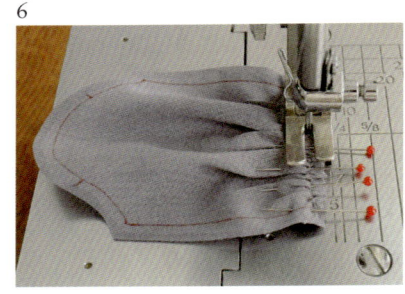
소맷부리를 재봉합니다.

7
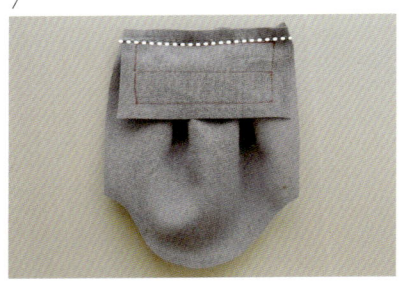
재봉한 모습입니다.

8
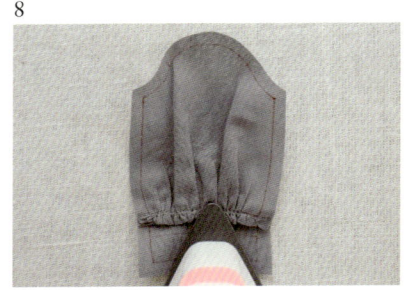
다림질로 시접을 커프스 쪽으로 접어줍니다.

9

커프스의 아래 시접을 다림질로 접어줍니다.

1. Arrange the paper templates on the fabric and cut all the sections, then apply fray stopper liquid to all the edges.
2. Machine sew one line of gathering stitches 2mm in length in the seam allowance.
3. Gather the sleeve opening until the width fits the cuff. 4. Iron flat. 5. Match the sleeve and cuff.
6-7. Sew the sleeve opening. 8. Fold the seam allowance toward to cuff. 9. Fold the seam allowance of the cuff with an iron.

10
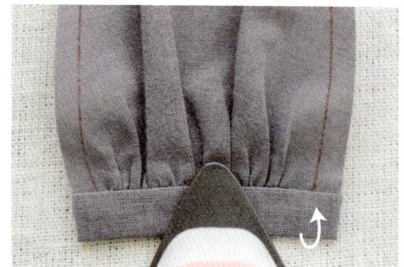
커프스를 반으로 접어줍니다.

11

레이스를 달 경우, 커프스 아래에 원단용 접착제를 발라줍니다.

12

레이스를 임시 고정합니다.

13

커프스의 가장자리에 스티치를 넣어줍니다.

14

스티치를 넣은 모습입니다.

15

소매산 시접의 표시에서 표시까지, 바늘땀이 약 2mm 되도록 주름용 재봉을 합니다. 몸판 소매둘레 폭에 맞춰 주름을 잡고 실을 매듭지어줍니다.

16

몸판과 소매를 겉끼리 맞댑니다. 소매산과 소매둘레 시접을 조금씩 맞춰 나가기 위해, 노루발을 몇 번 들어 올려가며 재봉합니다.

17

앞뒤 몸판을 겉끼리 마주대어 '소맷부리~겨드랑이~밑단'을 재봉합니다. 겨드랑이 부분 시접에 가위집을 넣습니다.

18

겉으로 뒤집으면 완성.

10. Fold the seam allowance in half. 11. If you want to put the lace, apply fabric glue. 12. Temporarily the lace. 13-14. Sew the cuffs. 15. Machine sew one line of gathering stitches 2mm in length in the seam allowance. Gather the shoulders until the width fits the armhole. 16. Match the side edge of the sleeve to the bodice and gradually, sew the shoulder of the sleeve to armhole. Raise the machine presser foot a number of times while sewing to gradually align the seam allowances of the sleeve caps and armholes. 17. Place the seam allowance toward the sleeves and iron. With the right sides of the front and back bodice facing. Sew them together. 18. Cut slits into the seam allowance of the pits. Turn right side out. Iron open the seam allowance.

―― Hem Arrangement ――
밑단 어레인지

1.
Lace Gather
레이스 주름

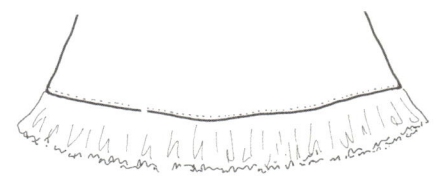

밑단 안쪽에 레이스를 답니다. 레이스에 주름을 잡지 않고 그대로 달면 깔끔하게 마무리됩니다.

1

레이스에 주름을 잡을 경우, 레이스를 부착할 부분의 약 2배 길이의 레이스를 준비해주세요.

2

레이스 윗부분에 바늘땀이 약 2mm 되도록 주름용 재봉을 1줄 해줍니다.
→ 주름 잡는 방법은 P.100 참조

3

실을 당겨서 밑단 폭에 맞춰 주름을 잡고, 다림질로 정돈합니다.

4

밑단 시접을 다림질로 접어줍니다.

5

밑단 시접에 원단용 접착제를 발라줍니다.

6

주름 잡은 레이스를 임시 고정합니다.

7

레이스를 재봉해 붙입니다.

8

완성.

1. Prepare a lace that is about twice as long as the place where you want to gather the lace gathers.
2. Machine sew one line of gathering stitches 2mm in length in the upper. [refer to p.100 for gathering]
3. Gather the lace until the width fits the hem. Iron flat.   4. Fold the seam allowance of the hem with an iron.
5. Apply fabric glue.   6. Temporarily the lace on the hem.   7. Sew the hem.   8. Done.

Hem Arrangement
밑단 어레인지

m.

Frill

프릴

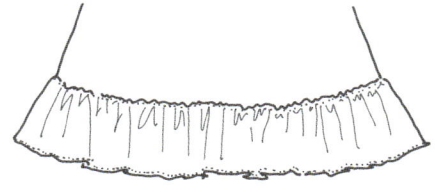

프릴의 위쪽 시접을 접어 주름을 잡고, 겉에서 재봉해 달아주어도 귀엽습니다.

1

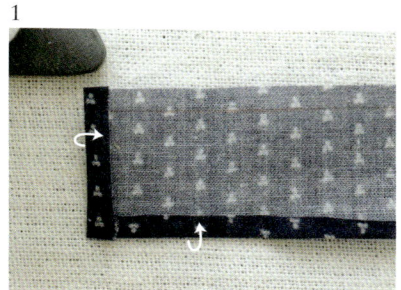

프릴 원단의 밑단과 양단 시접을 다림질로 접어줍니다.

2

접은 부분에 스티치를 넣어줍니다.

3

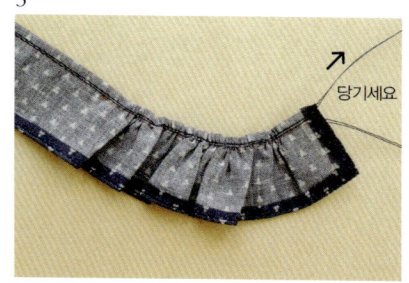

바늘땀이 약 2mm 되도록 주름용 재봉을 2줄 해줍니다.
→ 주름 잡는 방법은 P.100 참조

4

밑단의 폭에 맞춰 주름을 잡고, 실을 매듭지어서 다림질로 정돈합니다.

5

프릴과 몸판을 겉끼리 맞대, 시침핀으로 고정합니다.

6

재봉합니다.

7

다림질로 시접을 몸판 쪽으로 접어줍니다.

8

스티치를 넣어줍니다.

9

완성.

1. Fold the seam allowance of the ruffled with an iron.   2. Sew the edges.
3. Use a machine to sew two line of gathering stitch length 2mm on the upper seam allowance. [refer to p.100 for gathering]
4. Gather the fabric to match of the width of the hem. Iron flat.   5. Pin the ruffle and hem.   6. Sew the hem.
7. Iron the seam allowance toward bodice.   8. Sew reinforced stitches.   9. Done.

Hem Arrangement
밑단 어레인지

n.
Drawn Work
드론워크

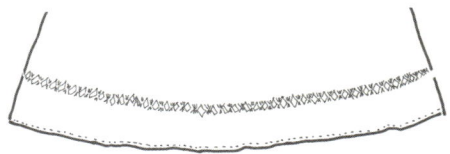

천의 씨실(횡사)을 뽑아서 모양을 만드는 드론워크. 면 론 등 얇은 평직을 사용합니다.

1

드론워크를 하려는 원단은 올 방향에 맞춰 패턴보다 한 단계 크게 재단합니다.

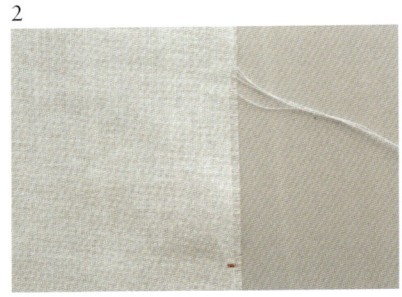

2

가장자리에서 날실(종사)을 몇 줄 뽑아줍니다.

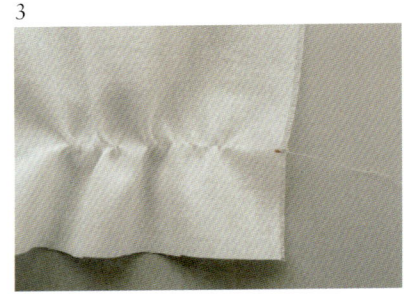

3

드론워크를 하려는 위치의 씨실을 몇 줄 뽑아줍니다.

4

한 번에 한 줄씩 뽑아야 합니다.

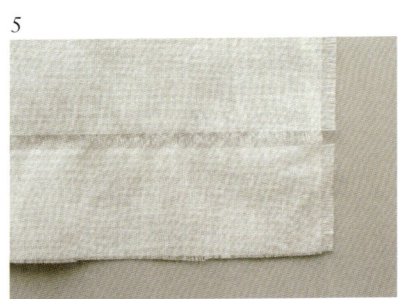

5

약 5mm 폭이 되도록 씨실을 뽑습니다.

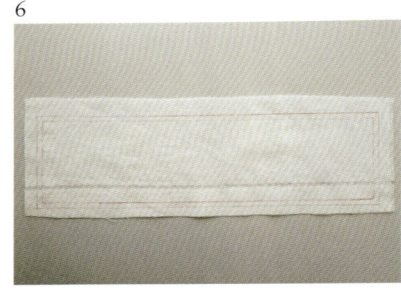

6

씨실을 뽑은 원단에 패턴을 옮겨 그립니다.

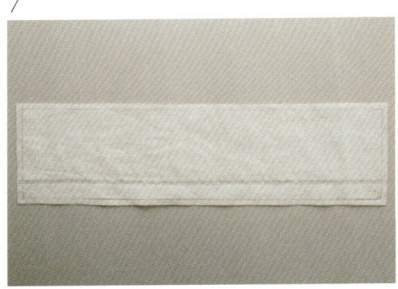

7

재단한 후, 가장자리에 올풀림 방지액을 발라둡니다.

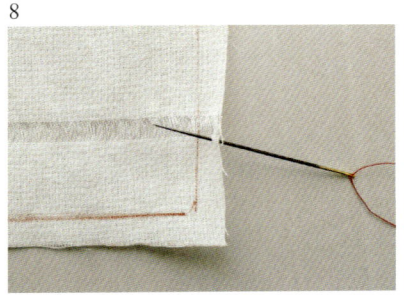

8

바늘에 실을 1줄로 꿰어, 사진처럼 가장자리에서 2mm 정도 위치에 바늘을 찔러 넣습니다.

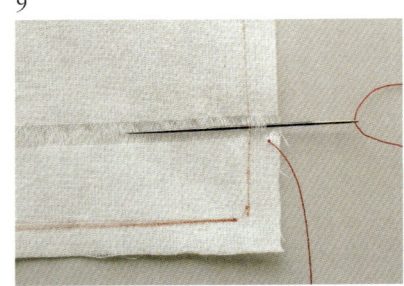

9

바늘이 나온 곳 바로 위의 날실을 약 5mm 폭이 되도록 바늘로 뜹니다.

1. Cut the dough you want to do drawn work along with the texture, slightly larger than the pattern.
2. Pull out several warps from the end.   *3.* Pull the weft thread where you want to apply the drawn work.
4. Pull the threads one by one.   *5.* Pull out the weft thread to about 5mm width.   *6.* Trace the pattern.   *7.* Cut and apply fray stopper liquid to all the edges.
8. Take one thread and pierce the needle about 2mm from the end.   *9.* Place your needle behind of the warp threads about 5mm width.

10
실이 통과한 모습입니다.

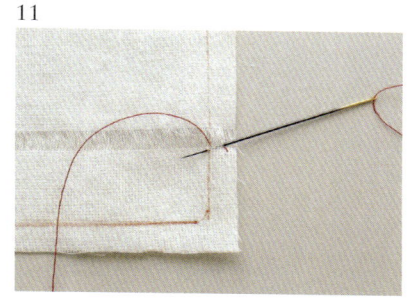
11
9번과 같은 위치에 다시 바늘을 찔러 넣고, 5mm 정도의 원단 위치에서 바늘이 나오게 합니다.

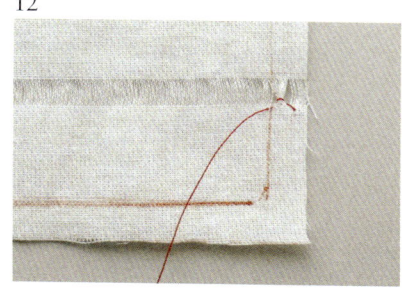
12
실이 한 바퀴 돌려진 모양이 되었습니다. 이 실을 꽉 당겨주세요.

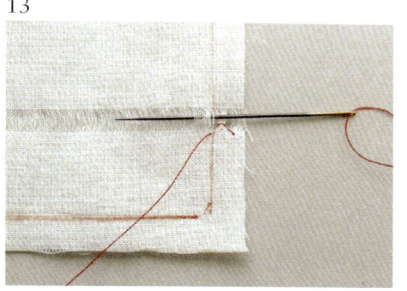
13
바늘이 나온 곳 바로 위의 날실을 5mm 정도 되게 바늘로 뜹니다.

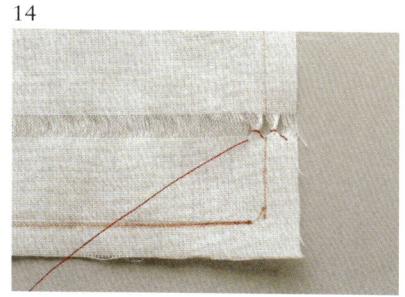
14
9번부터 12번까지를 반복합니다.

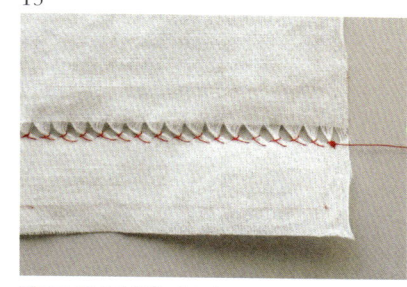
15
끝까지 했다면 실을 매듭짓습니다. 안쪽에서 보면 이런 느낌입니다.

16
겉에서 보면 이런 느낌입니다.

17
에이프런 스커트에 드론워크를 한 어레인지.

18
블라우스의 소맷부리는 드론워크를 할 길이가 짧으므로 꼭 도전해보세요.

10. Pull the needle through to the front. *11-12.* Put the needle through to the hole as step 9. Pull out to the hem. *13-15.* Repeat steps *9-12* to the full length. *16.* This is right side. *17.* The arrangement for apron dress hem. *18.* For the sleeve, they are short and easy to challenge.

Gather
주름

스커트, 소매, 커프스 등에 적용할 수 있는 주름 잡는 방법입니다.

1

재봉틀의 바늘땀을 조절해 2~2.5mm가 되도록 설정합니다.

2

보통 재봉의 시작과 끝에 하는 '되돌아 박기'를 하지 말고, 시접의 가운데쯤을 재봉합니다.

3

잡아당기기 쉽게, 양끝의 실을 15cm 정도씩 남깁니다.

4

한 줄 재봉한 곳 바로 옆에, 평행이 되도록 두 번째 주름용 재봉을 합니다.

5

윗실은 윗실끼리, 밑실은 밑실끼리 나눕니다.

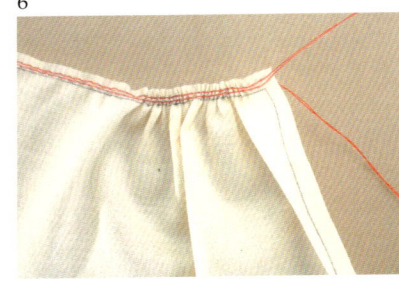

6

윗실 2줄만 당겨서 주름을 잡습니다. 주름 잡을 거리가 긴 경우 양쪽에서 당기고, 짧은 경우는 한쪽을 매듭짓고 다른 쪽을 당겨줍니다.

7

필요한 길이로 주름을 잡았다면 윗실끼리 매듭지어줍니다. 아래쪽 실도 같은 방법으로 매듭짓습니다. 양쪽을 모두 매듭지어서 주름 폭을 고정합니다.

8

주름의 간격을 정돈해서 다림질로 눌러줍니다.

9

주름 완성. 시접에 주름용 실이 남는 것이 신경 쓰인다면 실을 빼도 좋습니다.

---

1. Set the machine to 2.5-3.0mm stitch.   2. Do not use back stitch as usual the start or end. Sew once along the edge.
3. Leave about 15cm of thread allowance on each side.   4. Sew a second line next to the first in the same way.
5. Separate both upper threads from the lower on each side.   6. Pull the upper threads while gathering the fabric.
7. When you have the desired width, knot all threads together on either side.   8. Iron the gathering to make it neat.   9. Cut away the thread allowance.

Snap
스냅 단추

의상의 마무리는 스냅 단추 달기. 게재된 작품은 5mm 스냅 단추를 사용했습니다.

1
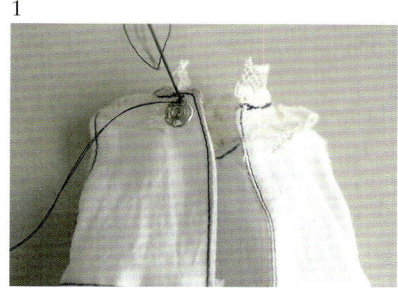
실을 2줄 꿰어, 오목 스냅을 먼저 달아줍니다.

2

스냅 단추의 구멍마다 바늘이 2번씩 통과하도록 합니다.

3
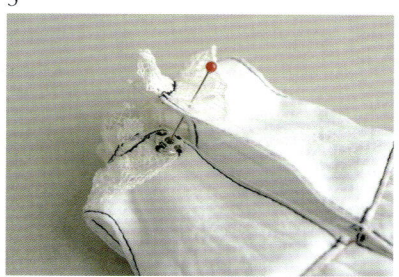
뒤중심의 겹쳐지는 부분을 확인하면서, 시침핀이 오목 스냅의 중심에 오도록 꽂아줍니다.

4
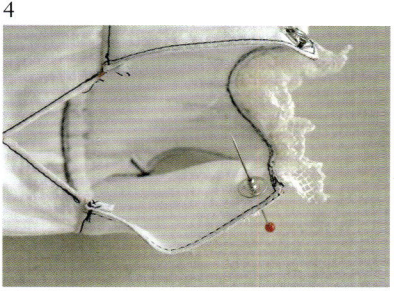
꽂아놓은 시침핀에 볼록 스냅의 중심이 통과되도록 합니다.

5
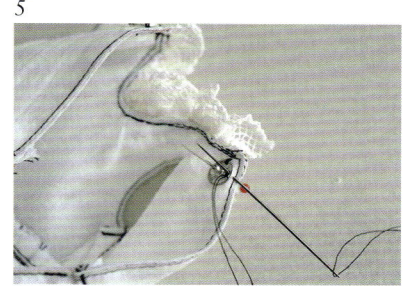
시침핀을 꽂은 채로, 구멍 2개 정도를 바느질합니다.

6

시침핀을 빼고 남은 구멍을 바느질합니다

7
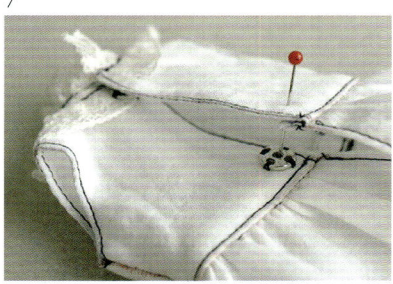
아래쪽에 오목 스냅을 달고 그 위에 볼록 스냅을 끼운 뒤, 겹쳐지는 부분을 확인하면서 3번처럼 시침핀을 꽂아주어도 됩니다.

8
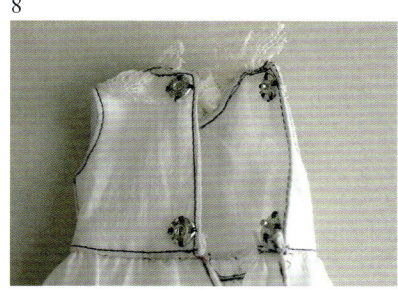
볼록 스냅을 달면 완성.

1. Start with socket side. Hand sew with two threads.   *2.* Insert two needles into each hole.
3-4. Insert a pin all the way through to mark opposite snap placement.
5. Sew through 2 holes with the pin inserted.   *6.* Then remove the pin and sew through holes.   *7-8.* Attach one more snaps.

DOLL SEWING BOOK　HANON　— arrangement —

게재 작품

――― 기본 A라인 원피스 ―――

M쇼트/칼라f, 소매j(7부), 밑단m(이중)　　M쇼트/칼라f, 소매j(7부), 밑단m(이중)　　M미들/몸판b, 칼라e, 소매j(7부), 밑단m　　M미들/몸판a, 칼라g, 소매k, 밑단l　　M롱/칼라g, 소매j(5부)

S롱/칼라e, 소매j(3부)　　S쇼트/몸판a, 칼라g, 밑단m, 소매k 커프스를 레이스로　　L미들/몸판b, 칼라g, 소매j(7부)　　L롱/몸판a, 칼라f, 소매k, 밑단m

――― 기본 블라우스 ―――

M/칼라g, 소매h, 밑단m　　M/칼라e, 소매k, 밑단 주름 없음　　S/칼라f, 소매k　　S/몸판d, 칼라e, 소매i, 밑단m　　L/칼라f, 소매k　　L/몸판a, 칼라g, 소매i, 밑단m, 소맷부리n

――― 기본 다트 원피스 ―――

M쇼트　　M쇼트/칼라f, 소매i, 밑단 레이스　　M미들/몸판c, 칼라g, 소매j(7부)　　L쇼트/몸판d, 칼라e, 소매i, 밑단 레이스　　L롱/칼라g, 소매j(5부)

S미들/몸판a, 칼라g, 소매h 밑단 레이스　　S쇼트/몸판b, 칼라f, 소매j(5부)　　S롱/칼라g, 소매k　　S롱/몸판a, 칼라f, 소매i, 밑단n

"기본" 시리즈는 칼라, 소매, 밑단을 각 사이즈의 어레인지 패턴에서 선택해 제작하고 있습니다.

몸판 어레인지 { *a*. 레이스 콜라주　*b*. 레이스 프릴　*c*. 레이스 플리츠　*d*. 핀턱 }
칼라 어레인지 { *e*. 러플 칼라　*f*. 피터팬 칼라　*g*. 레이스 스탠드칼라 }
소매 어레인지 { *h*. 레이스 캡 소매　*i*. 기본 소매　*j*. 벌룬 소매　*k*. 커프스 소매 }
밑단 어레인지 { *l*. 레이스 주름　*m*. 프릴　*n*. 드론워크 }

── 티어드 스커트 ──
M　　S　　S　　L

── 에이프런 스커트 ──
S롱/밑단 레이스　　M롱　　M쇼트/몸판d, 밑단n　　L쇼트　　L롱

── 니커보커스 팬츠 ──
M　　M　　S　　L　　L/밑단 프릴 없음

── 재킷 ──
M/루즈한 퍼프 소매　　S/기본 소매, 칼라 프릴 없음　　L/루즈한 퍼프 소매, 칼라 프릴 없음

── 코트 ──
M/긴소매, 칼라 프릴　　S/루즈한 퍼프 소매, 칼라 프릴　　L/기본 소매　　L/기본 소매, 테일러드 칼라

◇ 당신은 언제나 옳습니다. 그대의 삶을 응원합니다. - 라의눈 출판그룹

HANON 하농
어레인지먼트
—— arrangement ——

초판 1쇄 2020년 8월 3일

지은이 사토미 후지이 옮긴이 안은주
펴낸이 설응도
영업책임 민경업   디자인책임 조은교

펴낸곳 라의눈

출판등록 2014 년 1 월 13 일 (제 2014-000011 호)
주소 서울시 강남구 테헤란로78 길 14-12(대치동) 동영빌딩 4 층
전화 02-466-1283   팩스 02-466-1301

문의 (e-mail)
편집 editor@eyeofra.co.kr
마케팅 marketing@eyeofra.co.kr
경영지원 management@eyeofra.co.kr

ISBN : 979-11-88726-63-9 13630

이 책의 저작권은 저자와 출판사에 있습니다.
저작권법에 따라 보호를 받는 저작물이므로 무단전재와 복제를 금합니다.
이 책 내용의 일부 또는 전부를 이용하려면 반드시 저작권자와 출판사의 서면
허락을 받아야 합니다.
잘못 만들어진 책은 구입처에서 교환해드립니다.

DOLL SEWING BOOK HANON — arrangement —

Copyright ⓒ Satomi Fujii / HOBBY JAPAN
All rights reserved.
Original Japanese edition published by HOBBY JAPAN CO.,Ltd.
Korean edition copyright ⓒ 2020 by Eye of Ra Publishing Co.,Ltd
This Korean edition is published by arrangement with HOBBY JAPAN
CO.,Ltd., through AMO AGENCY, Seoul. Korea.

이 책의 한국어판 저작권은 AMO 에이전시를 통해 저작권자와 독점 계약한 라의
눈에 있습니다. 저작권법에 의해 한국 내에서 보호를 받는 저작물이므로 무단 전
재와 무단 복제를 금합니다.

촬영 : 가즈라 타카노리, 다나카 마사코(uNdercurrent),
       타마이 히사요시
디지털 트레이스 : 규스케 유카리
편집 : 스즈키 요코

디자인 : 다나카 마사코(uNdercurrent)

협력 :
네오 브라이스(p.4-5) : M사이즈
주식회사 크로스월드 커넥션
www.blythedoll.com

be my baby! Cherry(p.6-13) : M사이즈
주식회사 미유키
www.doll-house-web.com

JERRY BERRY(p.14) : S사이즈
JERRYBERRYs.com
jerryberrys.net

POPPING(p.15) : S사이즈
KUKUCLARA
kukucларadoll.com

ruruko(p.16-21) : S사이즈
momoko(p.18,21) : L사이즈
펫웍스 인형사업부
www.petworks.co.jp/doll/

U-noa Quluts Light(p.22-24) : L사이즈
주식회사 세키구치
www.sekiguchi.co.jp